资助项目：国家自然科学基金面上项目“企业间合同治理和关系治理的选择及效应——基于中国情境的研究”（项目批准号：71572121）

作者简介

周俊，博士，苏州大学东吴商学院教授、贸经系主任，曾在南京大学从事博士后研究，赴美国南加州大学从事访问学者工作。担任江苏财经商贸类职业教育行指委副秘书长，江苏应用统计学会理事，《外国经济与管理》《管理评论》匿名评审专家。主要研究方向为跨组织关系管理和国际商务。主持2项国家自然科学基金项目，2项省部级纵向课题和10余项市厅级课题与重要横向课题。出版专著与教材各1部。在CSSCI期刊发表30余篇学术论文，其中多篇被《高等学校文科学术文摘》《中国人民大学复印报刊资料》等权威二次文献转载。

企业间合同治理研究前沿探析

周 俊 著

苏州大学出版社

图书在版编目(CIP)数据

企业间合同治理研究前沿探析 / 周俊著. —苏州：苏州大学出版社，2021.9
ISBN 978-7-5672-3711-7

Ⅰ. ①企… Ⅱ. ①周… Ⅲ. ①企业管理-研究 Ⅳ. ①F272

中国版本图书馆 CIP 数据核字(2021)第 190591 号

书　　名：企业间合同治理研究前沿探析

著　　者：周　俊
责任编辑：薛华强
装帧设计：吴　钰

出版发行：苏州大学出版社(Soochow University Press)
社　　址：苏州市十梓街 1 号　**邮编**：215006
印　　装：镇江文苑制版印刷有限责任公司
网　　址：www. sudapress. com
邮　　箱：sdcbs@ suda. edu. cn
邮购热线：0512-67480030
销售热线：0512-67481020

开　　本：700 mm×1 000 mm　1/16　**印张**：9　**字数**：152 千
版　　次：2021 年 9 月第 1 版
印　　次：2021 年 9 月第 1 次印刷
书　　号：ISBN 978-7-5672-3711-7
定　　价：35.00 元

前　言

在商业世界中，以战略联盟为主要代表形式的企业间合作对于企业的生存和发展日益重要。但是，企业间合作经常受到各类机会主义行为的困扰。为了抑制机会主义行为、促进企业间合作，企业设计出多种类型的治理机制，其中合同治理是最经常使用的治理机制之一。企业间合同治理研究因此受到国内外学者的广泛关注。

交易成本理论等经济学理论是企业间合同治理研究的主要基石。为了探究社会关系、制度情境对合同治理的影响，社会交换理论和制度理论被引入企业间合同治理研究，与交易成本理论结合推进了相关研究，增进了理论认识。但是，相关研究比较片面地强调合同的保障、防范、控制功能，未能充分关注合同对交易方心理的影响，对合同设计、调整、运用过程缺乏深入分析，因此在合同特征的前因、合同治理的作用以及合同治理和关系治理之间关系等关键问题上未能形成广泛的共识。

近年来，一些国外学者引入社会学和心理学等领域的新理论、新视角，并采用元分析法和试验法等新方法，在很大程度上推动了企业间合同治理研究。国内学者也开展了大量具有很高专业水准的研究，相关成果发表在《管理世界》《南开管理评论》和 *Journal of International Business Studies*, *Journal of Operations Management* 等高质量学术期刊上。但是，总体而言国内外学者的研究进展还不能算是完全同步的。为促进企业间合同治理研究的开展，本书通过梳理企业间合同治理研究的发展脉络，对研究的最新进展进行了重点评述，最后得出总结性结论并进行研究展望。

本书分九章。第 1 章是绪论，阐述研究背景、研究意义，并对关键概念进行界定。第2章对交易成本理论、社会交换理论、制度理论等传统理论视角下的企业间合同治理研究进行评述，总结出研究进展并分析存在的不足。第3章至第6章介绍值得关注的四大研究方向，依次阐述关于合同结构异质性的研究、关于合同框定效应的研究、关于组织学习视角下的合同设计研究、关于合同治理的元分析研究，在分析相关研究成果的基础上总结研究进展并且提炼出有待进一步研究的领域。第7章至第8章为专题研究，分别探究制度环境对合同治理和关系治理的选择的影响、行为和环境不确定性对于合同治理和关系治理对机会主义的抑制作用的影响。第9章总结企业间合同治理研究的总体进展和不足，并提出四个方面的研究建议，包括：采用解构的方法更细致地梳理变量间关系、注重探究情境因素的影响、开展跨学科和多视角研究、完善传统研究方法并引入新方法。

本书主要探讨组织与管理领域的企业间合同治理问题，未能全面梳理企业间合同治理研究的全部文献，加之著者学术水平有限，书中的观点难免有偏颇之处，恳请学术同人斧正。期望本书能起到抛砖引玉的作用，助力企业间合同治理研究迈上新的台阶！

周　俊

2021年8月

目 录

第1章 绪 论

1.1 研究背景

在当今商业世界，企业日益依赖于与其他企业的合作关系来获取资源、扩大销售、共享知识、促进创新，但是有相当一部分的企业间合作未能实现预期目标，其中一个原因就是来自机会主义的困扰。机会主义行为比较频繁地出现在企业间关系中（Luo，2007），在专用性投资较多、不确定性较高的交易情境中更是如此。而且，在新兴市场环境中，由于法治相对薄弱（Zhou和Poppo，2010），加之在某些新兴市场出现的道德滑坡（Luo，2008；Zheng等，2014）问题，企业间机会主义行为大有泛滥成灾之势。机会主义行为的盛行大大增加了交易成本（Luo，2006），严重损害了组织间的信任，制约着企业间的信息交流和知识共享，不利于企业间结成紧密的合作关系（Liu等，2009）。因此，探寻能够有效抑制合作伙伴机会主义行为、促进企业合作的治理机制就成了理论界和实践领域普遍关注的问题。

研究者业已探讨了多种治理机制，可以归纳为四种类型：法律规制型（合同）、组织管理型（共同行动、伙伴甄选和监控）、经济制约型（准一体化、弥补性专用性投资、交互投资）和关系导向型（信任、关系型规范、关系延续性）（周俊和薛求知，2009）。其中，合同治理（即法律规制型）是理论界关注最多的治理机制之一。合同治理机制提供一种有法律约束力的制度框架，在该框架下交易方通过签订书面合同来明确权利、义务和责任以便实现规范交易过程的目的。

传统上，学者们主要基于交易成本理论、产权理论和委托代理理论等经济学理论以及社会交换理论、制度理论等理论视角来探讨企业间的合同治理，取得了不少理论成果，但在合同治理的作用、合同治理和关系治理的相对有效性以及合同治理与关系治理之间的关系（Cao 和 Lumineau，2015；万俊毅和敖嘉卓，2013）等关键问题上未能达成广泛共识。导致上述研究不足的原因主要有四类。其一，企业间合同治理研究在较大程度上受到交易成本理论等经济学理论的影响，片面强调合同治理的“保障”“防范”功能而忽视了合同的“协调”（Lumineau 和 Malhotra，2011）和“促进”（Weber 和 Mayer，2014）功能。这种对合同功能的狭隘的理论认识导致了许多似是而非的实证结果。其二，交易成本理论一方面基于有限理性假设去考察治理机制和交易特征的匹配性，另一方面又假设交易者富有远见，因而能够一蹴而就地设计出最合适的治理机制（Duplat 和 Lumineau，2016；Weber 和 Mayer，2014）。交易成本理论对理性程度的“暧昧”假设（李宝良和郭其友，2016；杨瑞龙和聂辉华，2006）问题受到了关注，但大部分研究并没有很好地解决这个问题。它们通常建立于交易成本理论的理论前提之上，认为合同设计可以在“一瞬间”完成并且合同一旦设计成型就保持不变，因而忽略了合同设计和调整的动态过程，这不仅导致对合同治理和关系治理的关系方面的片面认识，而且导致理论和实践的脱节。其三，对合同治理所产生的心理效应缺乏充分关注。其四，对合同治理等关键构念的测量缺乏相对统一的方法。

在过去的十多年时间里，为了消弭理论认识上的矛盾，学者们尝试引入社会学和心理学的新视角并采用元分析和试验法等新方法，取得了不少有建设性的成果。最新的研究主要在以下四个方面展开。第一，采用解构的方法，剖析合同治理的多维度特征，揭示合同的异质性功能结构，在此基础上分析合同治理的前因和后果。第二，引入心理学理论，研究合同治理的框定效应，分析不同框定类型的前因和后果。第三，基于组织学习理论，探究合同设计的能力、过程、执行者及影响。第四，利用已有实证文献，通过元分析法开展定量述评。

本书首先总结传统理论视角下的合同治理研究，然后从四个方面梳理合同治理研究的最新进展，接着阐述著者对合同治理和关系治理的选择与效应的两项相关研究，最后对继续推进合同治理研究提出相关建议。

1.2 研究意义

1.2.1 理论意义

企业间合同治理研究引起了国内外学者的广泛关注，每年都有一批成果发表在高质量学术期刊上。近年来，国外部分学者积极引入新理论、新视角和新方法，为组织管理领域的企业间合同治理研究提供了新思路、新动力，取得了新成果。本书综合梳理企业间合同治理研究的发展脉络，总结该领域的若干重要突破，评估研究进展和不足，探究未来研究方向。迄今为止，国内尚鲜见关于企业间合同治理最新研究动态和方向的综述，本书率先进行相关尝试，旨在促进国内外学术同人之间的科学对话，推进国内企业间合同治理研究紧跟国际前沿甚至开创新领域、引领新方向。

1.2.2 实践意义

合同治理是跨组织交易关系中最常用的治理机制之一。改革开放以来，中国逐步确立市场化、法治化的改革方向，中国企业的交易模式从主要基于私人关系的人格化交易逐步转向主要基于规则的非人格化交易，企业对合同治理的依赖程度呈现递增趋势。当前，跨组织交易关系对企业生存发展非常重要，企业运用合同治理来高效管理交易关系的必要性不断增强。在运用合同治理机制时，企业面临一系列现实问题，诸如：如何提升合同设计和管理能力？如何设计出适应交易开展的合同？如何让合同治理机制发挥出最大效益？如何综合运用合同治理和包括关系治理在内的其他治理机制？本书对有关合同治理的研究成果进行比较全面的梳理，为企业准确理解相关问题从而更高效地利用合同治理机制提供决策参考。

1.3 关键概念界定

概念界定是理论演绎的基础。本部分对合同治理、关系治理、交易专用性投资、机会主义等重要概念进行界定。

1.3.1 合同治理

合同治理是指交易方通过签订书面合同来达到规避风险、促进合作的目标。合同治理为交易方提供利益保障措施，而且促进交易方之间的激励相容。学者们从合同的持续期限（Joskow，1987）、排他性（Meza 和 Selvaggi，2007）、明确性（Jap 和 Ganesan，2000）、约束性（Luo，2007）、复杂性（Parkhe，1993）、完备性（Ryall 和 Sampson，2009）、权变性（Elfenbei 和 Lerner，2004）等多个角度对合同治理进行了测量。陆亚东教授将合同完备性细分为条款具体性和相机适应性（Luo，2002b）、合同包容性和合同约束性（Luo，2007）。近年来，不少学者根据合同不同部分内容具备的不同功能来剖析合同结构，从控制功能和协调功能（Malhotra 和 Lumineau，2011）等角度阐释了合同复杂性构念。并且，Weber 和 Mayer（2011）从框定效应的角度把合同分为促进框定合同和预防框定合同。合同治理的功能具有多元性，除了被最广泛研究的控制功能（亦称防范、保障功能）外，还具有协调功能和适应功能，学术界目前对后两种功能的研究还不够充分。

1.3.2 关系治理

关系治理是指交易方通过对企业间关系和私人关系的管理来促进合作并抑制机会主义行为。根据已有研究，关系治理的作用机制主要包括：① 增进交易方的信息交流，以减少由信息不对称所产生的机会主义（Wathne 和 Heide，2000）；② 促进社会化，以改善交易方之间的目标兼容性（Wathne 和 Heide，2000）；③ 降低交易各方的机会主义倾向（John，1984），从而减少其利用他方脆弱性的动力；④ 强化对机会主义实施方的社会制裁，使其被孤立（Wuyts 和 Geyskens，2005）；⑤ 增强关系延续性，从而增加交易方预期的机会主义成本（Rokkan 等，2003），以降低经济驱动力。在研究关系治理机制的作用时，学者们考察了诸多相异但相关甚至意义有所重叠的构念，具体包括：关系型规范（Vazquez 等，2007；汪涛和秦红，2006；Brown 等，2009）、信任（Dyer，1997；Cavusgil 等，2004；Liu 等，2009）、关系延续性（Rokkan 等，2003）、伙伴间依附（Luo，2007）等。

1.3.3 交易专用性投资

交易专用性投资，又称关系专用性投资（relation-specific investments），或称专用性投资（specific investments），是行为主体针对特定交易对象进行的投资，如果用于他途则会出现价值下降的现象（Williamson，1991）。

交易专用性投资是交易成本经济学家最为关注的交易风险来源。一般认为它是导致机会主义行为发生的重要原因。交易方一旦在交易关系中投入交易专用性投资，就会产生“可占用性准租”（appropriable quasi rents），诱发交易各方就租金的归属展开争夺（Klein 等，1978）。Williamson（1979，1985）认为，交易专用性投资可能使交易转变为“小数”交易，如果交易环境动态性较强，专用性投资带来的额外收益就会发生变化，具有机会主义倾向的交易方可能采取机会主义行为以便使自己在额外收益的分配中获得更多的好处。

为了理解交易专用性投资的特征及效应，学者们尝试对它进行了归类。Williamson（1985）指出，资产的专用性至少可以分为四种类型，即地点专用性、实物资产专用性、人力资产专用性以及特定资产专用性（dedicated asset specificity）；Williamson（1991）在此基础上增加了另外两种类型，即品牌名称资产专用性和时间专用性；Wang，Huang 和 Lee（2001）重点研究了特定资产专用性、IT 专用性和流程专用性；徐惠菁（2004）将专用性分为流程专用性、领域知识专用性、贡献人力专用性以及物质资产专用性四种类型；Subramani 和 Venkatraman（2003）为了突出无形资产专用性的重要程度，将资产专用性分为无形资产专用性和有形资产专用性，无形资产专用性包括业务流程专用性和领域知识专用性（domain knowledge specificity），有形资产专用性则包括实物资产专用性和地点专用性。近年来，无形资产专用性特别是其中的领域知识专用性受到越来越多的关注。

1.3.4 机会主义

(1) 机会主义的内涵

“机会主义”是威廉姆森交易成本经济学的核心概念之一。他将“机会主义”界定为“狡黠地追逐私利”(Williamson, 1975)。Macneil (1981) 认为,理解“机会主义”概念的关键在于明辨“狡黠”的内涵。在他看来,“狡黠”指的是“几乎不顾原则和后果地利用各种机会”。Williamson (1985) 强调,狡黠是指“通过撒谎、偷窃、欺骗和算计性努力来误导、歪曲、掩饰、伪装或混淆”。Sieggie 等 (2013) 则认为,狡黠是交易伙伴在行动中蕴含着狡猾、表里不一和欺诈等元素的一种难以观测的状态或动机。美籍华人学者陆亚东教授将合作关系中的机会主义界定为“一方在牺牲另一方利益的情况下追求单方面收益的行动或行为,其手段包含:违反明确的或隐含的协议、实施单方面控制、隐瞒或扭曲信息、撤回承诺或允诺、推脱义务、攫取共同收益,等等”(Luo, 2006)。综上,本研究认为,机会主义不同于一般的遵守承诺的自利行为 (Ghohal 和 Moran, 1996),而是一种忽视道德和(或)法律约束,利用各种可以利用的机会,通过牺牲他方利益以增加己方利益的行为。表 1-1 列示了机会主义行为的一些实例。

表 1-1 实践中的部分机会主义行为

作者和来源	案例
Hwang (2006), *Journal of Economic Behavior & Organization*	在零部件供应商做出专用性投资之后,克莱斯勒公司要求它们将价格降低 2.5%。
Walton (1997), *Fortune*	福特公司的供应商 Lear 公司故意向福特公司歪曲报告其真实的技能和资源。
Provan 和 Skinner (1989), *Academy of Management Journal*	肉制品产业的包装工将等级较低的牛肉碎片混在等级较高的牛肉中,以降低成本、增加利润。
钱丽萍和任星耀 (2012), 《管理评论》	2003 年,QR 鼓励四川省某独家代理商扩张网点,并许诺两年内不设新的代理商,当该代理商完成网点扩张后,QR 却在四川增加了两家代理商。
Seggie, Griffith and Jap (2013), *Journal of Marketing*	波音公司的一家供应商缺乏必要的能力(如:没有工程部门、生产线上缺少合格的熟练工人),但该公司没有把这个情况告诉波音公司。

要真正理解机会主义行为,我们需要厘清“哪些属于机会主义行为”。根据已有研究,机会主义行为的倾向包括但不限于:隐瞒或歪曲信息 (John, 1984;

Carson 等，2006；Luo，2006）、逃避责任（John，1984；Carson 等，2006）、掠夺性占用合作伙伴的关键资源（Das 和 Teng，1998）。同样重要的是，我们还需要明确“哪些不属于机会主义行为”。威廉姆森（1975）强调，在组织间关系中，极力地讨价还价、强烈地反对以及借助独特的地位或技能来获取优势，都不属于机会主义行为。John（1984）提出了类似的观点，指出极力地讨价还价、经常性地强烈否定以及类似的冲突性行为并不必然构成机会主义，除非这些行为违反了之前的相关承诺。这些研究提醒学者要明确机会主义行为所必备的诡计欺诈元素。但是，还是有些研究忽视了这一特征，比如 Carson 等（2006）认为，机会主义现象包含“讨价还价”在内的广泛的具体行为。

另外，区分机会主义行为和机会主义倾向也是有意义的。机会主义倾向反映的是一种态度取向（Williamson，1991；Barney，1990），它是机会主义行为的前因之一。在威廉姆森看来，机会主义倾向是人类固有的特征，不受情境的影响；而机会主义行为则是在一定的成本收益条件下机会主义倾向的外在体现（Ghoshal 和 Moran，1996）。威廉姆森关于机会主义倾向的假设受到了不少批评。一些学者认为，除了追求经济利益外，人通常还有社会化需要，威廉姆森过于夸大了人性中“机会主义倾向”的作用。威廉姆森认为人的机会主义倾向一成不变，这是过于绝对了，忽略了个体差异和社会性因素可能产生的影响。John（1984）认为，在长期交易关系中，如果运用恰当的权力种类和社会化过程，交易方之间会形成积极的态度和感知，因此，即使有机可乘且有利可图，交易方也并不必然做出机会主义行为。

（2）机会主义的分类

为了更准确地把握机会主义的前因、后果及治理策略，研究者尝试对机会主义进行分类。主要的分类方法如下。

依据发生时间的不同，把机会主义分为缔约前机会主义和缔约后机会主义，它们分别对应于信息经济学中的“逆向选择”和“道德风险”。

按照实施者的行为主动性来划分，机会主义包括主动（active）的机会主义和被动（passive）的机会主义（Wathne 和 Heide，2000；Seggie 等，2013）。被动的机会主义指的是实施者采取一种“不作为”的姿态从而造成损人利己的后果，包括应该并且能够告诉事情的真相却隐瞒不报、在环境发生变化后拒绝做出适应性调整、逃避应该履行的义务；而主动的机会主义指的是实施者为了谋求单方面利益而开展的“主动作为”，包括故意制造并传播虚假信息、在环境发生变化后通过重新谈判迫使对方让步以攫取更大利益、积极开展合同条款里明确禁止的活动。

按照实施者的主动程度以及交易情境是否发生改变来划分，可将机会主义分为逃避（原有情境下的被动型机会主义）、拒绝调整（情境发生变化后的被动型机会主义）、侵犯（原有情境下的主动型机会主义）和强制性的重新谈判（新情境下的主动型机会主义）四种类型（Wathne 和 Heide，2000）。

按照违反的契约类型来划分，机会主义包括强形态（Ⅰ型）机会主义和弱形态（Ⅱ型）机会主义（Luo，2006），分别对应于明显的机会主义（blatant opportunism）（Wathne 和 Heide，2000）和关系契约下的合法机会主义（lawful opportunism under relational contracting）（Williamson，1991）。强形态机会主义指的是既违反关系型规范又违反合同的主要文本以及后续补充材料明确提及的契约准则的行为，而弱形态机会主义是指没有违反合同文本但违反了规范（norms）的行为。学者们对强形态机会主义的认识没有分歧，但对弱形态机会主义的界定则有不同看法。一些学者（Macneil，1981）认为，交易方只要违反了一般性规范（general norms）（例如，分享收益和共担风险的心理预期、限制单边使用影响力、分配公平）就可以认为是产生了弱形态机会主义；而 Wathne 和 Heide（2000）则认为，交易者只有违反了蕴含在特定关系中、被所有成员隐含认可的关系型规范，才可认为其发生了弱形态机会主义。按照后者的观点，那些利用优势谈判地位迫使对方让步的行为可能只是通常意义上的自利。

1.4 内容与框架

全书分为九章，具体篇章结构安排见图 1-1。

第 1 章为绪论，阐释研究背景、理论意义和实践意义，对全书涉及的合同治理、关系治理、交易专用性投资、机会主义等关键概念进行界定，并扼要介绍本书的篇章结构。

第 2 章评述传统理论视角下的合同治理研究。首先概述交易成本理论、社会交换理论和制度理论三种经常使用的理论视角，然后总结这三种理论视角下的主要研究议题，包括合同特征的前因研究、合同治理的作用研究以及合同治理和关系治理之间的关系研究，最后对相关研究的进展和不足进行评价。

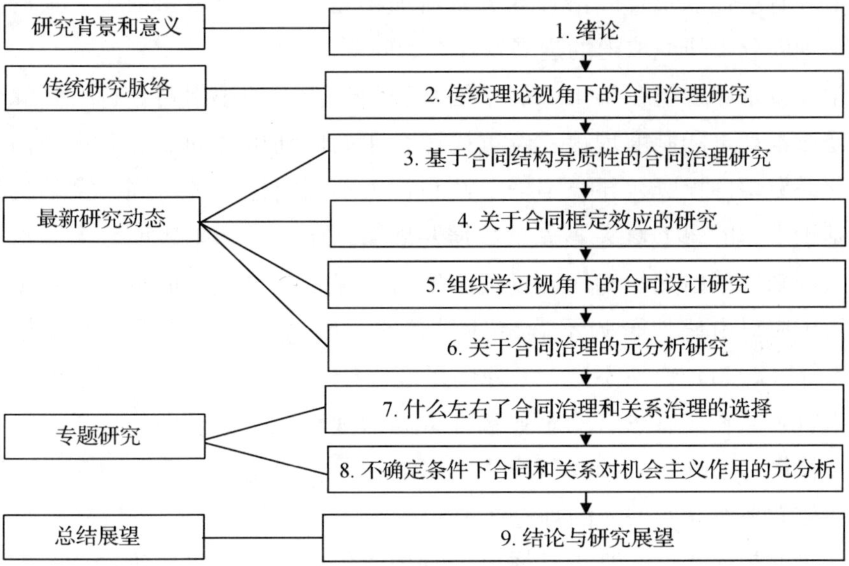

图 1-1　本书的篇章结构

第 3 章至第 6 章阐述合同治理研究中值得关注的四个方向的进展。第 3 章介绍基于合同结构异质性的合同治理研究，首先从合同内部结构角度洞悉合同的多种功能，然后阐述交易特征、参与人员工作职能、社会文化等方面的前因研究，接着总结关于不同合同功能对交易后果的影响、关系治理和合同治理之间关系的研究成果，最后概要探讨主要的研究进展并提出下一步的研究方向。

第 4 章介绍关于合同框定效应的研究。首先阐述用于探究合同框定效应的主要心理学理论——调节定向理论和期望违背理论，然后总结合同框定效应下的合同分类，接着分析框定效应视角下的合同设计研究，并呈现关于合同治理作用以及合同治理和关系治理之间关系的相关研究成果，最后提炼出需要进一步研究的三大领域，包括探究引发合同框定效应的主要情境因素，探究各种合同框定类型的适用情境，以及探究不同类型框定合同的作用机制和影响效应。

第 5 章评介组织学习视角下的合同设计研究，对关于学习主体、学习内容、学习方式以及关系治理和合同治理之间关系的研究进行了概要总结，并且指明了值得进一步研究的五大方向。

第 6 章介绍关于合同治理的元分析研究，依次阐述关于合同治理前因、合同治理有效性以及合同治理和关系治理相互关系的元分析研究，最后总结合同治理元分析研究取得的进展及存在的问题。

第 7 章是课题组在第十二届中国管理学年会上的小组讨论论文，综合运用交易成本理论和制度理论，着重探讨企业如何利用合同治理和关系治理来应对交易专用性投资、环境不确定性和行为不确定性三种不同类型的交易风险。基于中国的 291 对买卖关系数据开展实证研究，结果表明，合同治理更多地被用来处理由交易专用性投资产生的“保障”难题，而关系治理则更多地被用于应对由伙伴行为不确定性引起的“绩效评估”难题。研究结论与 Carson 等（2006）有所不同，其原因可能在于中美两国不同的制度情境。本研究剖析了面临交易风险的企业选择合同治理和关系治理的驱动因素，揭示了制度情境对治理机制选择所产生的影响，并且深化了对合同治理和关系治理的比较效率及相互关系的理论认识。

第 8 章是课题组在第十三届中国管理学年会上的小组讨论论文。本研究借鉴 Krishnan 等（2016）设计的单位加权综合度量方法来测量行为不确定性和环境不确定性，基于 77 篇实证文献开展元分析研究，评估行为不确定性和环境不确定性对于关系治理和合同治理对机会主义的作用的影响。实证结果显示：随着行为不确定性水平的提高，合同治理和关系治理对机会主义的抑制作用都会增强；随着环境不确定性水平的提高，关系治理对机会主义的抑制作用会增强，而合同治理的作用效应无显著变化。此外，本研究还比较了合同治理和关系治理的相对有效性问题。总体而言，关系治理对于机会主义的抑制效应要大于合同治理，但在行为不确定性水平较低时，两者的作用无显著差异。本研究结论对跨组织治理机制的设计有所启示。

第 9 章对本书的主要结论进行总结并展望未来的研究。首先梳理企业间合同治理研究的进展和不足，然后总结新理论、新视角和新方法对合同治理研究产生的四个方面的推动作用，最后进行研究展望，提出要采用解构的方法更细致地梳理变量间关系，注重探究情境因素的影响，开展跨学科和多视角研究，完善传统研究方法并引入新方法。

第2章 传统理论视角下的合同治理研究

传统上，在企业间合同治理研究中较广泛运用的理论包括交易成本理论①、社会交换理论和制度理论。学者们主要基于这三种理论对企业合同治理的前因、合同治理的作用以及合同治理和关系治理之间的关系进行了广泛研究，产生了丰富的富有建设性的成果。本章阐释基于这三大理论的企业间合同治理研究并对相关成果进行简要评价。

2.1　主要理论视角

2.1.1　交易成本理论

交易成本理论是研究经济组织的比较制度理论。Coase（1937）在《企业的性质》一文中率先提出"交易成本"概念，认为以企业替代市场可以节约交易成本。在《企业的性质》发表之前，经济学家在探究经营成本时主要关注生产成本，交易成本几乎没有引起关注。以威廉姆森为最主要代表的经济学家完善了交易成本的度量方法，提出了更加完善的分析框架，使之更具科学性和操作性。交易成本包括合同谈判、合同拟订等事前交易成本以及调整、讨价还价、监督和执行等事后交易成本，它是"经济世界中的摩擦力"（Williamson，1985），广泛存在并普遍影响着经济组织的运行。威廉姆森提出

① 与交易成本理论相比，代理理论和产权理论在企业间合同治理研究中的应用相对较少。

了“合同人”的概念，认为“合同人”是有限理性的且具有机会主义倾向，“合同人”以最小化交易成本为目标，根据资产专用性、不确定性和交易频率三大交易特征去选择与之相匹配的治理结构。威廉姆森总结出市场治理、三方治理、双方治理、统一治理四种治理结构。对于不存在专用性投资的标准化交易，不论其交易频率和不确定性程度如何，都可采用市场治理结构（即古典式签约方法）。当资产专用性较高但交易频率较低时，适宜采用三方治理结构（即新古典签约方法）。当资产专用性和交易频率都较高时，适宜采用双方治理结构和统一治理结构（即关联式签约方法）。交易成本理论得到了经验证据的广泛支持，是合同治理实证研究中的主导性理论，被广泛用于探究合同治理的前因和结果。但是，单纯使用交易成本理论是不够的，主要原因如下：① 交易成本理论视角下的合同治理研究重点探究如何通过合同来减少机会主义行为从而实现交易成本的最小化，主要关注合同的保障、防范和控制功能，对合同的协调、应变功能缺乏分析。② 合同的签订与执行发生于特定的制度和社会情境中，而情境因素不可避免地对合同的签订与执行产生影响，但是交易成本理论未能充分关注这个问题。③ 交易成本理论的分析方法属于比较静态分析，忽视了合同缔约、合同执行过程的动态性和复杂性。

2.1.2 社会交换理论

社会交换理论兴起于 20 世纪 50 年代后期，它运用社会学、经济学和心理学的理论解释社会交换行为。社会交换指的是利益互惠行为，当事人在获得回报的预期下发起、维持与他人的社会关系。社会交换和经济交换既有共性也有区别。共性之处在于它们都包含对未来预期收益和成本的考虑。区别体现在以下三个方面。其一，社会交换的标的更为广泛。经济交换的标的是经济资源，而社会交换的标的可以是经济资源，还可以是快乐、友谊、声望、社会认可和尊重等无形资源。其二，社会交换的收益较为含糊，不确定性较大，而经济交换的收益是事前明确界定的，交换方往往也要求能够精准实现预期收益。其三，社会交换追求长期性，不太注重短期利益交换的对称性，要求关系回报但不要求即刻回报，而经济交换强调等价交换和即刻的利益补偿。从互惠的社会交换中发展起来的满意度、信任、关系型规范是交换得以维持、扩大的重要基础。如果互惠义务没有得到履行，那么就可能引起非难之类的社会制裁，因此潜在的社会制裁是维持互惠交换关系的支持性因素。

在诸如关系型缔约组织（Macaulay，1963）、混合型组织（Powell，1987）等介于市场和企业之间的中间组织中，成员企业不仅开展经济交换，而且存在社会交换。成功的中间组织往往非常注重互惠、协作、声誉和关系基础（Powell，1992）。交易成本理论的假设存在“社会化不足”的问题，忽视企业间关系以及联盟伙伴边界人员之间的私人关系对经济交换行为的影响。社会交换理论可以和交易成本理论形成互补，共同揭示企业间关系的真实面貌。社会交换理论在合同治理研究中的应用对相关领域的研究起到了较大的推动作用，主要体现在两个方面。其一，探究合同治理的潜在负面性，详细的合同条款特别是保障性条款可能会被视为对交易伙伴的不信任，并且可能损害交易伙伴的自主权，破坏交易氛围，从而使得合同治理达不到限制机会主义行为的预期目标。其二，引发对合同治理和关系治理相对有效性及相互关系的广泛讨论。

2.1.3 制度理论

制度理论探究组织与制度之间的互动。制度被视为环境的关键组成部分，是“人为设计的、形塑人们互动关系的约束性因素”（North，1990），是“为社会行为提供稳定和意义的规制性、规范性与认知性结构和活动”（Scott，1995）。制度可以分为正式制度（如法律、明文规定）和非正式制度（如文化、伦理、习俗）。制度理论的研究从两个方向展开，即制度作为行动约束的研究以及制度作为行动结果的研究（陈嘉文和姚小涛，2015）。制度作为行动约束的研究又分为社会学视角和经济学视角。前者以 DiMaggio 和 Powell 等为代表，认为个体和组织为了获取合法性而选择对制度的遵从，着重探讨强制性趋同（coercive isomorphism）、模仿性趋同（mimetic isomorphism）和规范性趋同（normative isomorphism）所产生的制度化活动。后者从成本收益的角度分析行动主体在特定制度环境下的行为决策，彭维刚提出的制度基础论就属于这个类别。制度作为行动结果的研究认为行动主体可能会以创造性的方式来改变其所面临的制度环境，主要从个体行动者（个人或组织）的“制度创业”和集体行动层面上的“社会运动”两个方面展开。交易成本理论以成熟的、规范的市场经济制度为隐含的制度背景，未能充分关注世界各国（或地区）在经济体系、法律制度、社会文化等方面的显著差异以及由此导致的微观主体选择的多样性问题。运用制度理论探究合同治理问题有助于我们更好地把握单纯依靠交易成本理论无法有效回答的一些关键问题。一些学者研究了制度对于交易方对合同依赖程度的影响，例如，Peng（2003）探讨了新兴市场中的企业交易从基于关系的、人格化交易转向基于规则的、非人格化交易的演进路径；Roberts 和 Greenwood（1997）在综合制度理论与交易成本理论的基础上，构建受限效率框架（constrained-efficiency framework），认为制度情境对于交易者对治理机制的效率的重视程度、对替代性治理机制的搜寻范围、对效率的评估依据以及对治理机制的最终抉择等产生影响。还有些学者在制度视角下探讨了法律环境、社会文化对合同治理的作用以及对合同治理与其他类型治理机制（如关系治理）之间关系的影响。

2.2 合同特征的前因研究

为应对交易专用性投资、环境不确定性和行为不确定性等引发的交易风险，交易者需要对合同进行恰当设计。

Joskow（1987）探究了专用性投资对合同持续期的影响。他认为，当交易需要投入重大的专用性投资时，企业间的交易关系无法依靠事后反复的讨价还价来维持，而长期合同通过事前规定好的交易条款和条件，可以有效促进对事后履约问题的解决，因此交易专用性投资和合同持续期正相关。Joskow（1987）以 277 份美国煤矿企业和电力公司之间的合同为研究样本，对于地点专用性、物质资产专用性和特定资产专用性对合同持续期的影响进行了实证研究，结果发现，电厂坐落于产煤区（衡量地点专用性）、煤炭供应商位于西部或中西部地区（衡量物质资产专用性）、年签约交易量大（衡量特定资产专用性）对合同持续期均产生显著的正向影响。上述发现表明，交易方可能会用更长期限的合同来应对重大专用性投资带来的风险。

长期合同中需要有适应性条款，以增强合同的灵活性，当环境不确定性较高时情况尤其如此。Goldberg 等（1987）对石油焦炭供应合同进行了案例研究，分析了合同中的数量和价格调整条款。在案例中，采购商大湖碳业常常签订石油焦炭一经炼焦企业（供应商）生产就全部运走的合同，而炼焦企业会放弃大部分决定产焦速度的自由度；并且大湖碳业经常采用多部定价法或非线性定价法，提高价格对交易环境的适应性，以获取炼焦企业的信赖。

合同详细程度和资产专用性、不确定性的关系受到了广泛关注。随着资产专用性的提高，交易者可能使用更加详细的合同来避免或减少就可占用性准租的分配展开成本高昂的反复争论（Zhou 等，2008）。Poppo 和 Zenger（2002）的经验证据表明，随着资产专用性的提高，经理们会制定更加定制化的详细合同。Reuer 和 Arino（2007）发现，合同中提前终止、仲裁、诉讼条款的数量与专用性投资显著正相关。Barthelemy 和 Quelin（2006）指出，交易关系转换成本越高，合同复杂性越强。因为专用性投资会提高关系转换成本，所以可以预期专用性投资将提高合同复杂性。以上研究揭示了资产专用性和合同详细程度之间的正相关关系。但是，Zhou 等（2008）基于中国样本的研究没有发现两者的显著正相关关系。Zhou 等（2008）同时研究了不确定性和定制化合同（customized contracts）之间的关系，认为随着不确定性的提高，人格化的、非正式的信息处理和执行变得更加低效，因此人们转而依赖非人格化的、基于法律的合同治理来协调复杂的交易，该文的实证结果与上述观点一致。

丰超等（2019）认为合同详细程度还受到网络密度的影响。他们探讨了经销商“抱团”（即网络密度）对渠道中的合同治理强度的影响，认为在经销商“抱团”的情况下，制造商为了保障自身利益而倾向于使用更详细的合同，另外一旦某经销商与制造商签订比较详细的合同，其他经销商也会效仿。实证结果表明经销商网络密度与合同详细程度显著正相关，支持了相关理论假设。

Kalnins 和 Mayer（2004）从交易特征角度探讨了固定费用合同和成本加成合同的选择问题，运用来自信息技术服务行业的 394 个合同进行实证研究，提出以下观点：① 当事后测量服务质量的成本较高时，如果采用成本加成合同，服务供应商降低服务质量的动机较弱，因此企业应优先选用成本加成合同；② 当事前衡量服务成本的难度较大时，如果采用固定费用合同，交易方在交易过程中就要投入较大成本进行重新谈判，此时成本加成合同优于固定费用合同。

一些学者研究了制度环境对合同治理的选择的影响。世界各国的制度环境存在较大差异，因此各国对合同治理的依赖程度有所不同。Peng（2003）构建了一个两阶段模型，认为新兴市场经济体中的交易结构由基于关系的、人格化交易向基于规则的、非人格化交易转变，企业战略相应地由以网络为中心的战略转向以市场为中心的战略。Zhou 和 Poppo（2010）揭示了法律执行力对资产专用性、环境不确定性和行为不确定性等交易特征与合同治理之间关系的正向调节作用。在综合运用制度理论和交易成本经济学理论进行理论分析的基础上，Zhou 和 Poppo（2010）认为，在面对由资产专用性、环境不确定性和行为不确定性等引发的交易风险时，随着交易者感知到的法律可执行性（percieved legal enforceability）的提高，他们会增加对明确合同的使用而减少对关系可靠性的依赖。该研究以京沪的 399 对买卖关系为样本进行实证分析，结果发现：① 当经理们认为法律系统能保护他们公司的利益时，他们倾向于较多地使用明确的合同而不是依赖关系可靠性来应对由资产专用性、环境不确定性和行为不确定性所引发的交易风险；② 当经理们认为法律系统不可靠时，他们会较多地使用关系可靠性而不是详细的合同来规避由资产专用性和环境不确定性所引发的风险。Zhou 和 Poppo（2010）的研究有助于我们理解经理人员在什么条件下会更依赖于合同等正式制度而不是私人关系、信任等非正式制度。Luo（2007）论述了非正式的社会文化对治理机制选择的影响，他指出，在集体主义文化中，关系强、信任水平高的交易伙伴可能偏向于复杂程度和完整性较低的合同或管理机制。不过，Luo（2007）并未提供直接的经验证据。Wuyts 和 Geyskens（2005）从文化角度探讨合同治理的前因，以荷兰两个行业的 177 个买卖关系为样本进行实证研究，结果发现，其他条件相同时，采购企业的不确定性规避、集体主义和权力距离等文化维度越高，采购企业与供应商签订的合同内容越详细。Cao 等（2018）则运用元分析法探讨了国家文化对交易特征和合同治理之间关系的调节作用，丰富了相关的经验证据。

2.3　合同治理的作用研究

2.3.1　合同治理对交易关系中负面后果的防范作用研究

防范交易关系中的负面后果从而降低交易成本，是交易成本经济学着重探讨的问题。因此，在交易成本理论视角下学者们对于合同治理对交易关系中负面后果的抑制作用进行了广泛的研究。

一些学者分析了合同治理对组织间冲突的影响。丰超等（2019）发现制造商和经销商签订的合同越详尽，渠道冲突就越小，与 Ren 等（2010）的结论一致。Bai 等（2016）把合同治理分为基于产出的合同控制和基于行为的合同控制，前者衡量交易方在多大程度上根据绩效后果对其他交易方进行奖惩，后者指交易方在多大程度上侧重于对其他交易方的相关工作流程和程序进行监测。基于产出的合同控制能有效协调各方的利益，实现激励相容，并且能够在较大程度上保护各方的自主性，有利于控制交易方之间的冲突。在基于行为的合同控制下，部分交易方获得了干预或监控其他交易方的合法权利，但干预或监控行为可能会被其他交易方视为干扰和对其自主性的威胁，引发矛盾和冲突。此外，Bai 等（2016）研究了法律执行力和政府支持对上述作用的调节效应，发现法律执行力可增强基于结果的合同控制对企业间冲突的抑制作用，并且可减弱基于行为的合同控制对企业间冲突的滋生作用，而政府对监控实施方的支持会放大基于行为的合同控制对企业间冲突的作用。

除了探讨合同治理对企业间冲突的影响外，学者们在合同治理对机会主义行为的影响方面表现出更大的兴趣，研究成果更为丰富。下文对相关研究加以阐释。

研究者业已探讨了合同的长期性（Joskow，1987）、排他性（Meza 和 Selvaggi，2007）、明确性（Jap 和 Ganesan，2000）和约束性（Luo，2007）对机会主义的作用机制。根据相关研究，较长的合同延续期体现了交易者的关系承诺，可以给各方带来一个有利可图的预期；排他性合同可以限制破坏合作的其他竞争对手的数量，通过增强交易者的相互不可替代性从而稳定交易关系；明确的合同由于详细规定了交易细节以及交易者在相关情形中可以采取的选择，所以可以限制发生风险的范围，并且，交易者可以通过约定针对性强的、为各方所接受的原则、程序和方法来增强其应对变化的能力（Poppo和Zenger，2002）；合同约束性强调合同条款对各方的制约能力，促使交易各方严格按照条款执行合同，有利于克服“观望”“钻空子”心态，激励交易方积极投入资源（Luo，2007）。

学者们明确测量了机会主义并实证检验了合同特征对机会主义的直接效应。不少研究发现了合同治理对机会主义的显著抑制作用，例如，Luo（2007）根据来自192个中外合资企业的问卷数据，发现合同包容性和合同约束性显著抑制了合资企业中方和外方母公司的机会主义行为。但是，也有相当比例的研究没有发现显著效应（Cavusgil等，2004；Wuyts和Geyskens，2005；Wu等，2007），甚至发现了滋生效应（Kashyap等，2012；任星耀等，2012），还有些研究（Ghoshal和Moran，1996；Cavusgil等，2004）隐含地认为合同治理和机会主义呈U型关系，不过，尚无实证研究对之进行验证。为调和上述相互矛盾的结果，近年来部分学者尝试引入情境变量，或者对机会主义和合同治理进行进一步的维度划分。

一些学者探讨了制度环境对合同治理直接效应的影响。Cavusgil等（2004）研究了出口目的地的法制敌对性（legal hostility，即法律系统对于外国企业的歧视程度）的调节作用，发现在法制敌对性高的情况下，正式合同增加了国外分销商的机会主义；而在法制敌对性较弱的时候，正式合同可以遏制国外分销商的机会主义。高维和等（2007）以中国的供应商和采购商关系为样本，研究了法律适宜程度对合同治理直接效应的影响，得到类似的发现，即在高法律适宜度下，正式合同能有效降低对方的投机行为；而在低法律适宜度下，正式合同反倒增加对方的投机行为。Zhou和Xu（2013）指出，在法律制度脆弱的地方，交易伙伴仍可能违反合同所规定的事宜，因此，详细的合同并不能有效遏制伙伴的机会主义行为，此时伙伴间的关系治理提供了一种微观的治理环境以确保合同执行。以168对外国购买者和中国供应商之间的关系为样本，Zhou和Xu（2013）发现，在关系治理水平较低时，详细的合同不仅不能遏制机会主义，反而助长了供应商机会主义；而在关系治理水平较高时，详细的合同有效地遏制了供应商机会主义。这项研究并没有直接提取并测量制度变量的影响，而是把中国薄弱的法律系统、丰富而有影响力的社会传统作为既定的制度背景。肖瑶等（2017）探讨了技术创新网络中的个人-集体主义文化、不确定性规避文化对于合同治理对机会主义作用的调节效应，实证结果显示：① 在高个人主义文化氛围中，合同治理与机会主义行为呈现显著负相关；而在集体主义文化氛围中，合同治理与机会主义行为的相关关系并不显著。② 在低不确定性规避文化氛围中，合同治理与机会主义行为呈现显著负相关；而在高不确定性规避文化氛围中，合同治理与机会主义行为的相关关系并不显著。从肖瑶等（2017）的研究结论中可以看出，在个人主义以及低不确定性规避文化中合同治理能够更为有效地抑制机会主义。

除了以制度环境作为情境变量外，部分研究还以交易特征作为情境变量开展研究。张钰等（2015）基于交易成本理论和权变视角，探讨关系持续时间和环境不确定性对于合同治理和机会主义之间关系的影响。作者认为，随着关系持续时间的延长，合作模式逐渐形成并将关系成员纳入定义好的职责和规则中，契约的重要性降低，并且在关系水平提升之后如果仍然强调显性的法律协议可能导致“自我实现的预言”（self-fulfilling prophecy）。据此，作者指出随着关系持续时间的延长，合同对机会主义的抑制作用减弱。另外，作者还认为，环境不确定性的增加也会减弱合同对机会主义的抑制作用。上述理论假设得到中国经验证据的支持。卢亭宇等（2020）以任务技术匹配（TTF）模型为理论依据，将网络交互策略分为跨组织信息系统（IOS）助力的交互策略和社交媒介（SM）助力的交互策略，探讨网络交互策略如何提高企业跨组织治理的效力。研究结果显示：IOS 助力的交互策略与合同治理相匹配而与关系型治理不匹配，因此它有助于提高合同治理对机会主义的抑制作用，而对于关系型治理对机会主义的抑制作用无显著影响；SM 助力的交互策略与关系型治理相匹配而与合同治理不匹配，它显著增强关系治理对机会主义的抑制作用，但显著弱化合同治理对机会主义的抑制作用。

为调和实证结果之间的矛盾，近年来日益受到重视的解决思路之一是对合同治理、机会主义等构念进行维度划分并更加细致地梳理作用关系。Luo（2006）探讨了机会主义的多维度特征，把机会主义分为Ⅰ型机会主义（对应强形态、积极机会主义）和Ⅱ型机会主义（对应弱形态、消极机会主义），认为经济性机制（包括合同性力量和结构性力量）对Ⅰ型机会主义的抑制作用比社会性机制（包括关系性力量和公平性力量）大，而社会性机制对Ⅱ型机会主义的抑制作用比经济性机制大。任星耀等（2012）率先在国内学术期刊发表相关的实证研究。他们认为，以往的渠道研究未能深入区分合同的不同维度和机会主义的不同类型，因此，有必要对机会主义和合同进行细分，细致深入地探讨合同的不同维度对不同类型渠道机会主义的不同治理效力。实证结果表明，合同包容性不仅增加积极机会主义，而且增加消极机会主义，而合同的约束力可以减少积极机会主义。Lu 等（2016）参照 Luo（2002a）的合同维度划分方法，把合同治理分为主题包容性、条款明确性、相机适应性和合同约束性四个维度，分别探讨了这四个维度对强形态机会主义和弱形态机会主义的异质性影响，实证结果表明：① 主题包容性不仅显著增加强形态机会主义，而且增加弱形态机会主义；② 条款具体性对弱形态机会主义无显著影响，但显著降低了强形态机会主义；③ 相机适应性和合同约束性均对强形态机会主义以及弱形态机会主义产生显著的抑制作用。Huo 等（2016）从另一个角度解构合同治理，他们把合同治理的维度分为详细合同（detailed contracts）和合同应用，前者在交易正式开展前即已制定，明确界定所要实现的目标、各方的角色和责任、解决不可预见结果时的适应性过程、合同被违反时执行的惩罚措施等；后者在交易开展后发生，为减少和预防预期之外的结果的出现，运用正式的强制性手段去监督、控制、评估和惩罚交易伙伴。根据交易成本理论，Huo 等（2016）在理论分析部分认为详细合同和合同应用都能降低交易伙伴的机会主义，但来自 247 家中国企业的调查数据表明，虽然详细合同与第三方物流企业的机会主义行为显著负相关，但是合同应用却显著增加了第三方物流企业的机会主义行为。之所以出现该实证结果，作者做出如下推测：因为研究样本所在的中国强调私人关系和集体主义，所以监测和检查第三方物流企业服务绩效的合同应用对合作关系产生负面影响从而激发机会主义。不过，钱丽萍和廖如玉（2021）对合同应用的作用持有不同的观点，她们认为，使用合同管理渠道伙伴，可以抑制机会主义，降低管理成本，从而提升企业的关系绩效。

除了探讨直接效应之外，部分文献还探究了合同治理的调节作用。汪涛和秦红（2006）探讨了明确的契约对经销商专用性投资和供应商机会主义行为之间关系的影响，以汽车行业 4S 店为调研对象收集样本数据，结果发现明确的契约发挥负向调节作用，即在合同明确程度超过某个临界值时，增加专用性投资可以减少供应商的机会主义（协同效应），而当合同内容过于宽泛时，增加专用性投资反而会增加供应商的机会主义（侵吞效应）。Zhao 等（2008）发现，合同条款的明确性对供应商无形资产专用性投资与制造商机会主义行为之间关系的调节作用是非线性的：当条款明确性低于某个临界值的时候，条款明确性的提高显著增强了两者之间的负相关关系；而当条款明确性高于这个临界值之后，条款明确性的提高反而弱化了两者的负相关关系。作者分析认为，这是因为合同条款过于详细意味着不信任（Cavusgil 等，2004），此时合同条款详细程度的负向调节效应减弱。Zhao 等（2008）在理论假设部分还认为，合同条款的明确性负向调节了供应商的交易专用性有形资产投资和制造商的机会主义之间的正向关系，不过，该假设未获实证支持。Shi 等（2018）运用来自中国 228 家建筑业主的调研数据开展实证研究，发现资产专用性对承包商的强形态机会主义和弱形态机会主义都有正向影响，对弱形态机会主义的影响更大，而合同复杂性同时负向调节资产专用性和强形态机会主义、资产专用性和弱形态机会主义之间的关系。可见，Zhao 等（2008）、Shi 等（2018）的结论不尽一致，前者强调合同治理的门槛效应，后者没有对此进行探讨。任星耀等（2009）指出，相互依赖不对称会提高弱势方对强势方机会主义行为的感知水平，而明确的具有强制性的合同表明强势方愿意和弱势方一同受约束，让弱势方感知到强势方的合作意愿，从而降低弱势方因相互依赖不对称而对强势方的机会主义行为的感知。Wang 等（2017）以中外合资企业为研究情境，认为其他条件相同时，企业对政府资源的依赖程度越高，中方和外方母公司之间的理念冲突就越大，外国母公司为降低权力不对称性对中方缺乏影响力的领域（如技术和商业信息）的控制就越多，从而外国母公司的机会主义行为就越多，而明确的合同可以减少理念冲突以及权力不对称产生的副作用，因此能够减弱政府资源依赖度对外国母公司机会主义行为的滋生作用，该调节效应假说得到了经验证据的支持。

可见，在合同治理对机会主义的作用这个研究领域，不仅存在着实证结果的不一致，而且在理论上也存在不少争论。根据新古典合同理论，合同治理可以有效遏制因专用性投资和不确定性等因素所引发的风险。但从社会交换理论和制度理论出发，合同治理却存在较多的局限性，主要观点如下：① 在不同的国家，法律效力是不一样的。例如，发展中国家的法律制度不完善，法律执行力度有限，这使得法律的作用在这些国家可能远远达不到理想的水平（Zhou 和 Xu，2013）。② 合同治理可能对强形态机会主义比较有效，但对弱形态机会主义的作用较小（Luo，2006）。③ 根据社会交换理论，合同若拟定得过于明确，则其可能被交易方视为“不信任”的信号，这会破坏交易中的合作氛围，甚至滋生机会主义行为（Ghoshal 和 Moran，1996）。

2.3.2 合同治理对正面后果的促进作用研究

在交易成本理论等传统理论视角下，大多数研究着眼于研究合同治理的控制和防范作用，但还是有少数研究探讨了合同治理对企业间合作、知识共享、创新、关系绩效等正面后果的促进作用。

Luo（2002a）对中国的 114 个合资企业样本进行分析，发现合资企业合同的治理结构包括主题包容性、条款明确性、相机适应性和合同约束性，这四个维度与在合资企业工作的中国经理感知到的合资企业构建、伙伴间合作以及流程效率均正相关。Luo（2002b）探讨了国际合资企业中合同、合作和绩效之间的关系。他认为，合同完备性是一个多维度构念，包含条款具体性和相机适应性。合同和合作是互补的，不能相互替代，设计良好的合同为合作过程提供了一个具有法律约束力的制度框架，而合作能够克服合同刚性从而保障合同条款的顺利执行。对 293 个中外合作企业的调查结果表明，以往的合作可以提高合同适应性，而合同适应性的提高可进一步促进合资伙伴之间的合作，并且合同和合作对合资企业绩效产生交互效应。此外，Luo（2002b）认为，条款具体性如果超出合理限度，会阻碍组织适应性和战略柔性，而相机适应性如果超过一定限度，会扩大机会主义的发生空间，因此，合同完备性对企业绩效的作用并不是简单的线性关系，而是倒 U 型关系。可见，Luo（2002b）发现了合同完备性的潜在负面作用。王勇等（2018）从合同详尽性和合同监督两个角度衡量合同治理，探究营销渠道中的合同治理对角色外利他行为的作用机制和影响效应，实证结果发现合同详尽性和经销商的合同监督显著提升了分配公平感和程序公平感，而分配公平感和程序公平感显著促进了经销商的角色外利他行为。

还有些研究探讨了合同治理对企业间知识共享的影响。相关研究尚未形成一致观点。一些研究认为合同治理可降低企业进行隐性知识转移的内在动机和投入（Adler，2001），另一些则认为合同治理确立了正式的控制机制和流程，为知识转移提供便利（Lyles 和 Salk，1996）。Li 等（2010）对于合同治理对知识获取的影响进行了比较系统的研究。根据 Li 等（2010）的观点，合同不仅仅是控制机制，而且是知识获取工具。合同对隐性知识获取的作用不大，但它能创造交流沟通平台、促进信息交换，从而支持显性知识的转移。合同代表着相关知识的储备库，为协调知识转移提供模板，并且为信任等非正式机制提供补充作用，因此在知识获取方面合同可以和关系性机制形成互补关系。Li 等（2010）运用针对 168 家在中国经营的外国子公司的问卷调查数据，探讨了合同治理对于外国子公司从当地供应商处获取知识的影响。研究发现，合同治理显著促进了外国子公司对供应商显性知识的获取，并且强化了关系性治理机制对显性知识和隐性知识获取的促进作用。Wang 等（2020）综合运用交易成本理论和意义构建理论，研究了合同完备性对隐性知识获取的影响机制和效应，以中国的 196 个研发联盟为样本开展实证研究，结果发现：① 合同完备性正向影响目标共享，而目标共享对隐性知识获取产生正向效应；② 合同完备性削弱目标共享对隐性知识获取的正向作用；③ 合同完备性对隐形知识获取存在倒 U 型效应。王雷等（2021）探讨了合同治理对代工企业专用性投资和从国际客户处获取知识之间关系的调节作用，利用 229 个中国代工企业样本数据进行实证检验，结果表明：合同治理对人力资本类专用性投资和海外知识获取之间的关系无显著调节作用，但对资产类专用性投资和海外知识获取之间的关系产生正向调节作用，并且该调节作用在知识复杂度较低的条件下更强。

不少研究指出，在企业间关系中，企业因为受制于有限理性等因素没有能力设计出完全合同，甚至有时刻意使用不完全的合同。基于绩效的合同就属于不完全合同，它可以促进创新。Sumo 等（2016）从理论上探讨了基于绩效的合同对企业创新的作用机制。他们指出，基于绩效的合同存在两大特征，即条款明确性低且基于绩效支付报酬。如果条款明确性低，则企业的自主决策权大，但机会主义行为的发生空间也大；如果条款明确性过高，则规则和责任的刚性程度就会过大，不利于发挥企业的创造性。Sumo 等（2016）因此认为条款明确性和创新呈现倒 U 型关系。根据交易成本理论，条款明确性如果过低，会导致过多的机会主义行为，从而不利于创新；但根据代理理论，基于绩效的合同可以实现各方利益兼容，减少合同过度不完全所导致的机会主义。Sumo 等（2016）据此认为，基于绩效的合同通过将报酬和绩效挂钩的方式减弱过低的条款明确性对创新的负面影响。Valk 等（2016）运用必要性分析法对于合同治理对买卖关系中供应商产生的创新绩效的影响进行了研究，发现详细合同、善意信任和能力信任都是中等水平到高水平创新的必要条件，也就是说，如果合同是详细制定的但买卖方之间信任水平较低，创新绩效是不可能达到中等及以上水平的；只有当合同详细程度、善意信任和能力信任水平都较高时，创新绩效才有可能达到比较理想的水平。Valk 等（2016）同时指出，合同治理呈现边际效益递减的特征，在超出某个临界水平后会表现出非效益的特征。

Poppo 和 Zhou（2010）以组织间公平为切入点探究了合同对交易绩效的作用机制。他们将合同分为合同复杂性和合同持续性（contract recurrence）两大维度，合同复杂性是指合同包含未来多种可能情形下的应对方案，而合同持续性是指交易方是否依靠对关系延续的预期来协调、保障交易。基于 283 对买卖方关系样本，Poppo 和 Zhou（2010）发现程序公平对于合同复杂性对交易绩效之间的关系发挥部分中介作用，而分配公平对于合同持续性对交易绩效之间的关系具有部分中介作用，并且监控、社交分别增强了合同复杂性、合同持续性对公平感知的作用。

部分研究探讨了合同治理对正面交易后果的权变影响。Cannon 等（2000）认为，当交易风险较小（即关系专用性适应较少且交易不确定性水平较低）时，增强合同协议的具体性和详细性可以提高交易绩效，但是，当交易风险较大（即存在关系专用性适应且交易不确定性水平较高）时，合同治理不会提高交易绩效，此时增强治理结构的关系性内容可以使得关系治理和合同治理形成互补效应，从而提升合同治理对交易绩效的正面作用。Lusch 和 Brown（1996）发现，明确的合同和零售商绩效没有相关性，但随着企业间信任水平的提高和关系质量的改善，规范性合同会使得零售商获得更高的绩效。

2.3.3 合同治理和关系治理的相对有效性研究

根据已有研究，关系治理和合同治理的相对有效性，受到环境变动性和模糊性（Carson 等，2006）、是否为跨国交易关系（Wu 等，2007）、社会文化（Luo，2007）等交易情境以及所考察的时间范围（Dyer 等，1997）等因素的影响。

Dyer 等（1997）通过对比分析日美主要汽车企业发现，从短期看，合同治理的成本较低，但从长期看，与合同治理相伴随的搜索、缔约、监控和执行成本更高；而关系治理的效应恰恰相反，其启动（set-up）成本较高，但一旦形成就具有自我强化的特征，可以在更长的时间内发挥作用。因而，从长期看，关系治理是效率更高的机会主义治理方式。

Carson 等（2006）探究了环境变动性（volatility）和模糊性（ambiguity）对合同治理和关系治理的效力的影响，发现合同治理和关系治理各有所长。该研究以 125 个涉及新产品研发的跨企业关系为样本进行实证研究，结果表明：关系治理可以抑制环境变动性对机会主义的滋生作用，而合同治理则没有相应的作用；但是，合同治理能够较好地应对环境模糊性带来的机会主义风险，而关系治理不能有效遏制环境模糊性所导致的机会主义。

Wu 等（2007）推测，因为来自不同文化的伙伴有可能对合同条款背后的基础产生不同的理解，所以在跨国（境）渠道关系中，信任对机会主义的治理作用更明显。他们对来自中国台湾地区 142 家电子行业出口制造商的样本进行实证研究，发现虽然信任和正式合同都可以抑制国外分销商的机会主义行为，但是，信任的治理作用要强于正式合同的治理作用。

Liu 等（2009）以中国 225 对家电供应商和分销商的关系为样本，研究了交易性机制（专用性投资、合同）和关系性机制（关系型规范、信任）在改善关系绩效和抑制机会主义方面的相对有效性。研究结果表明，这两类机制都可以抑制机会主义并改进关系绩效，不过关系性机制在改善关系绩效方面效果更突出，而交易性机制能更有效地抑制机会主义。作者认为由于新兴市场环境具备更强的可变性，所以关系的柔性优势更突出，从而能够更有效地改善关系绩效。对于交易性机制能更有效地抑制机会主义的实证结果，作者推测其原因是关系治理具有内在的局限性：① 信任水平太高会减少交易者在监控方面的投资，从而增加了被交易伙伴“压榨”的可能性；② 关系性机制通过社会制裁这种“软性”方式来惩罚发生机会主义行为的交易伙伴，其效果要弱于合同惩罚。Luo（2007）同样以中国情境下的样本进行研究，却发现了与 Liu 等（2009）不太一致的结果。Luo（2007）强调了个人主义和集体主义文化的影响，他指出，由于来自集体主义文化的交易者更重视社会性联系的价值，而来自个人主义文化的交易者主要依据法律规则来开展业务，因此，对于来自集体主义文化的中外合资企业的母公司，社会性治理机制（关系治理和公正治理）比经济性治理机制（合同治理和结构治理）的效力更大；而对于来自个人主义文化的母公司，经济性治理机制会比社会性治理机制产生更大的约束力。上述论断得到了实证结果的支持。

总体而言，针对关系治理和合同治理相对有效性的实证研究还较少，并且研究发现不尽一致。本研究认为，单纯依据合同治理或关系治理的局限性去判断其中之一优于另一治理机制的研究思路是缺乏建设性的，必将导致理论认识的停滞不前和实证结果的矛盾对立；因为合同治理和关系治理作用的发挥都受到某些情境因素的影响，所以考察这两类治理机制在不同情境中的相对有效性就是值得关注的研究方向。

2.4 合同治理与关系治理的关系研究

关于合同治理和关系治理之间的关系，已有文献存在两种对立的理论认识。一些学者认为两者互相替代，另一些学者则认为它们互相补充。相关的实证结果也存在很多不一致之处，既有支持互补假设的（Liu 等，2009），也有支持替代假设的（Wuyts 和 Geyskens，2005），同时还有既不支持互补也不支持替代关系的。本研究将学者们对替代机制和互补机制的论述总结如下。

2.4.1 关于替代机制的研究

关于关系治理和合同治理替代关系的性质，研究者持有两种观点：弱替代和强替代（万俊毅和敖嘉卓，2013）。

“弱替代观”认为，关系治理和合同治理能够而且应该相互替代。一方面，关系治理有替代合同治理的可能和必要。这是因为关系治理具有自我实施和自我强化的优势（Dyer 等，1997），所以如果各交易方之间形成了互利共赢的高水平关系型规范，他们就不必在合同的签订和执行方面投入过多的资源和精力（Inkpen 和 Curral，1998）。Luo（2007）推测，在集体主义文化中，关系强、信任水平高的交易伙伴可能倾向于采用复杂程度和完整性较低的合同，这使得较强的关系治理能够在一定程度上替代合同治理。另一方面，在确定性高、专用性投资少的环境中合同治理可以替代关系治理，因为此时关系治理是多余的、非生产性的，对绩效提升和机会主义控制几乎没有额外的作用（Cannon 等，2000）。

“强替代观”则认为，过度依赖合同治理会损害关系治理的形成和运行。

根据“强替代观”，签订非常完备的合同往往导致互相怀疑，从而破坏合作氛围（Malhotra 和 Murnighan，2002）；在某些情况下，交易者如将合同拟订得过于明确、复杂，反倒有可能引发甚至启发交易方采取合同中未明确禁止的损人利己行为（Bernheim 和 Whinston，1998）。

2.4.2　关于互补机制的研究

（1）合同治理对关系治理的补充作用

第一，完备的合同通过明确列出交易要求，可以减少可能产生风险的领域，从而改善交易方对合作行为的预期并促进相互信任（谈毅和慕继丰，2008）。

第二，完备的合同可以弥补关系治理的“非正式性”“模糊性”“非强制性”（高维和等，2007）缺陷。Liu 等（2009）认为，合同通过明确界定针对机会主义的惩罚措施从而克服关系性机制未能明确界定相关义务和责任，以及强制性约束力低的局限性。

第三，在合同的签订和修改过程中，交易方如果能以宽广的视野和心胸去确定各项协作内容，则其能积极地解读、处理相关问题，这有助于培育其基于善意的信任和基于能力的信任，从而推动关系型治理的形成（Faems 等，2008）。

（2）关系治理对合同治理的补充作用

第一，合同治理往往难以适应意外变化，而关系治理则有助于交易方以公正、合理、互惠的方式去适应新的交易环境并有效处理因环境变化而产生的冲突。Cannon 等（2000）的实证结果表明，当交易不确定性较高时，治理结构中的关系性成分可以增强合同治理对采购绩效的促进作用。Faems 等（2008）发现，交易双方如果存在基于善意的信任关系，则其能够灵活地处理合同执行过程中出现的意想不到的问题。

第二，关系治理能够应对合同治理不能约束的领域。合同总是不完全的（Lumineau 和 Malhotra，2011），总存在不能明确约束的“盲区”，而关系性机制在应对合同规定之外的机会主义方面具有优势。

第三，关系治理有助于合同的修正，在建立和发展关系的过程中，交易各方可以将合作过程中的经验和教训及时地反映到新合同中去，从而完善原有的合同（Poppo 和 Zenger，2002）。

第四，用强化关系治理的方法来应对合同效力不足问题。Shou 等（2016）探讨了企业如何通过构建有价值的关系来应对合同效力低的问题。他们指出，在新兴经济体中，合同低效力（contract inefficiency）是经常困扰经理们的重要现象，而信息不透明和法律缺乏执行力等制度因素是导致经理们对合同效力的感知水平较低的重要原因。商业联系可以为企业提供关于市场和交易伙伴的关键信息，并且有助于企业在商业网络中传播不可靠交易伙伴的信息，而政治联系可以提供通过公开渠道无法获知的信息，并且有助于企业运用政府官员的政治权力，因此当经理们感知合同效力较低时，他们会更努力地寻求商业联系和政治联系。Shou 等（2016）提供的经验证据支持了合同低效力和企业寻求商业与政治联系之间的正向关系，并且他们发现上述关系受到效率压力和公平压力的调节，具体来说，随着效率压力的增加，合同低效力和企业寻求商业与政治联系之间的正向关系减弱，而随着公平压力的提高，合同低效力和企业寻求商业与政治联系之间的正向关系增强。

第五，关系治理促进合同的执行。关系治理能够保障合同的执行，并提升资源利用效率，在法律执行效力比较低的环境下，这一作用尤为突出。Zhou 和 Xu（2013）认为，在法律制度脆弱的地方，详细的合同并不能有效抑制伙伴的机会主义行为。这时，伙伴间的关系治理提供了一种微观的治理环境以确保合同执行。他们以 168 对国外购买者和中国供应商之间的关系为样本，发现在关系治理水平较低时，详细的合同不仅不能遏制机会主义，反而助长了供应商的机会主义；而在关系治理水平较高时，详细的合同则有效地遏制了供应商机会主义。Wallenburg 和 Schaffler（2014）指出，联合行动等关系性机制有助于构建相应的社会契约，从而增强合同的合法性，使得合同对关系绩效产生更大的促进作用。

2.5　对相关研究的评价

相关研究对合同特征的前因、合同治理的作用以及合同治理和关系治理之间的关系进行了广泛研究，取得了一些重要进展。

第一，从交易特征和制度环境等角度揭示了合同特征的前因。绝大部分研究显示，交易专用性投资、环境不确定性和行为不确定性等交易特征对合同的持续期、复杂性、详细程度以及条款类型产生重要影响，合同特征的设计符合节约交易成本的需要，与交易成本理论的预期一致。交易成本理论未能充分关注合同治理适用的制度情境，制度理论在这个方面提供了有益的补充。相关研究对法律执行力等正式制度的调节作用（Zhou 和 Poppo，2010）以及文化等非正式制度的直接效应（Wuyts 和 Geyskens，2005）进行了探讨，发现了不少有价值的经验证据。

第二，对合同治理作用的认识不断深入。关于合同治理对交易关系中负面后果的抑制作用、合同治理对交易关系中正面后果的促进作用以及合同治理和关系治理的相对有效性等问题，学者们取得了丰富的研究成果，但相关结论仍存在不一致之处，特别是关于合同治理对机会主义的影响以及合同治理和关系治理的相对有效性问题，相互矛盾的结论较多。为更准确地探究上述问题，学者们主要做了三个方面的努力：一是对合同治理、机会主义等关键构念的内涵进行深入分析，提取出多个维度加以分析。例如，合同治理的维度被分为合同包容性和合同约束性（Luo，2007；任星耀等，2012），详细合同和合同应用（Huo 等，2016），主体包容性、条款明确性、相机适应性和合同约束性（Lu 等，2016）；机会主义被分为强形态机会主义和弱形态机会主义（Lu 等，2016）、积极机会主义和消极机会主义（任星耀等，2012），在此基础上对于合同治理对不同类型机会主义、合同治理的不同维度对不同类型机会主义可能存在的差异化影响进行了研究。二是探究可能存在的非线性关系。例如，Sumo 等（2016）认为条款明确性和创新可能呈现倒 U 型关系；Valk 等（2016）发现合同治理对创新绩效的影响存在边际收益递减问题。三是分析制度情境的调节效应。例如，Cavusgil 等（2004）分析了出口目的地的法制敌对性（即法律系统对外国企业的歧视程度）对于正式合同对国外分销商机会主义的作用的影响。此外，法律适宜度（高维和等，2007）、注重私人关系的社会文化（Zhou 和 Xu 等，2013）、集体主义文化（Luo，2007）、是否跨国交易（Wu 等，2007）等情境因素的作用也得到了研究。

第三，对关系治理和合同治理之间的关系进行了比较全面的讨论，提出了替代机制和互补机制。替代机制分为弱替代和强替代，前者认为合同治理和关系治理的功能存在相互重叠，若同时使用会造成不经济性；后者强调合同治理和关系治理的不兼容性，对合同治理的过度强调会对关系治理水平造成破坏。关于互补机制的研究探究了合同治理和关系治理的相互补充作用，主要从两个角度展开：一是从分析两类治理机制的优势和短板入手，认为存在优势互补的可能性；二是从探究关系性机制的建立过程或合同完善过程入手，认为关系治理对合同内容的修正完善发挥着支持性作用，而良好的合同治理对合作关系的培育发挥着支撑作用。

相关研究虽然在很大程度上深化了理论认识，但仍存在着不可忽视的局限性，亟须使用新理论、新视角和新方法加以弥补。

第一，对于合同治理的测量缺乏相对统一的口径，这导致研究结果缺乏可比性。实证研究在衡量合同治理时使用到的术语包括合同持续期（Joskow，1987）、控制权或激励机制的纳入（Elfenbei 和 Lerner，2004）、排他性条款（Parkhe，1993）、权变条款（Argyres 等，2007）、提前终止或期限延展条款（Weber 等，2009）、定制化的详细合同（Poppo 和 Zenger，2002；Zhou 等，2008）、合同复杂性（Barthelemy 和 Quelin，2006）、明确的合同（Zhou 和 Poppo，2010）、正式合同（Cavusgil 等，2004）、合同条款明确性（Zhao 等，2008）、合同完备性（Luo，2002b）等数十种，测量题项大多不一致，而且有些测量方法具有较强的行业特定性。以上问题导致我们难以直接去比较不同研究的实证结果。

第二，对于合同功能的多样性和异质性缺乏深入研究，这导致大多数研究局限于合同的保障和防范功能。根据交易成本理论，合同治理在企业间交易中是必要的保障措施，被用来防范潜在的机会主义行为，促进交易的产生和维持。可见，在交易成本理论家看来，合同治理的最本质功能是保障和防范。采用社会交换理论的研究（Ghoshal 和 Moran，1996）认为，正式合同滋生不信任，反而导致合同治理所要防范的行为在事实上更多地发生。可见这类研究隐含地认为合同治理只有单一的保障、防范功能。除了上述功能外，合同治理还有协调交易关系的作用，它对企业间合作、关系治理和交易绩效可能产生与合同保障功能有明显区别的影响，但是企业合同治理的早期研究没有对此给予充分关注。

第三，对于合同治理的心理效应缺乏充分关注。相关研究更关注合同的经济实质，而忽视经济实质相同的两份合同可能对交易者心理产生的不同影响。

第四，对于合同设计和调整的动态过程缺乏探讨，这导致我们对现实世界的缔约认识不到位。交易成本理论一方面认为“合同人”受到有限理性的制约，另一方面又假定他们能够一蹴而就地实现治理机制和交易特征之间的匹配，隐含地假定有限理性的“合同人”可以设计出与交易特征相匹配的“完美”合同。很显然，这里面存在着逻辑的矛盾。既然“合同人”是有限理性的，他们就不可能一下子把交易特征、交易伙伴的特点、制度环境、技术环境等信息完全搞清楚，也就不可能根据有限的、不完全信息“瞬间”实现合同治理和交易特征的“完美”匹配。因此，需要进一步探讨的问题是有限理性的“合同人”通过什么方法、途径和流程去设计、完善合同。

第3章 基于合同结构异质性的合同治理研究

研究一个多维度构念和其他构念之间的关系，可以采用两种方法。第一种是统合（integrative）方法，直接探究高阶构念之间的关系。其好处是能够探究整体关系，且研究工作量较小，而缺陷则体现在：① 导致信息损耗；② 在某一高阶构念的不同维度和另一构念或另一高阶构念的特定维度间存在不同关系时，统合方法会导致错误的理论认识和对立的实证结果。第二种方法是解构（disaggregated）方法，分别探讨某一高阶构念的不同维度同另一构念或另一高阶构念的特定维度之间的关系。该方法的优缺点与统合方法的优缺点恰恰相反。现有研究表明，合同复杂性、信任、机会主义等构念均包含不同特征的多种维度。企业间合同治理研究的不足可以部分地归因于学者们大多采用统合的方法来探究实际上比较复杂的构念间关系。

在以往针对企业间合同治理的实证研究中，学者们往往片面强调合同治理的“控制”功能，而未能充分关注合同不同部分的内容所具有的不同功能。他们大多采用以下两种对立方式中的一种来测量合同治理。第一种方式以一种粗略的、笼统的方式来评估合同的复杂性，所用的指标包括合同内容的长短（Joskow，1988）、合同复杂性（Barthelemy 和 Quelin，2006）或合同缔约各方基于对未来可能事件的预期设计出的条款的详尽程度。合同通常由多个目标不同的条款组成，上述测量方式忽略了不同类型条款的目标差异性，从而掩盖了特定类型条款的前因和后果，导致似是而非的实证结果。第二种方式考察合同中的单个条款，如许可证协议中对地域的限制（Mueller 和 Geithman，1987）、特许经营协议中的先期费用和特许权费率（Lafontaine，1992）或供应协议中的合同期限（Joskow，1987），如果逐条研究单个条款，则会割裂这些单个条款与合同的其他相关特征之间的联系。近年来一些学者开始关注合同各部分内容的共性和独特性，试图对合同内容进行进一步的解析，以便更全面、更准确地把握合同的多种功能。

3.1　合同结构的分类

Cavusgil 等（2004）指出，合同规定的内容不同，其作用也不同：如果合同对机会主义的界定和防范做出详细要求，相关交易方会认为自身的自主权受到侵犯，更容易产生机会主义倾向；如果合同详细规定互补的任务和责任，则有助于实现交易目标并抑制机会主义。Cavusgil 等（2004）虽然指出要根据合同内容的性质对合同的作用进行研究，但没有直接对合同结构进行针对性研究。Reuer 和 Arino（2007）率先对合同结构复杂性展开系统性研究，通过对西班牙企业在 1986 年至 1992 年间签订的 88 份联盟合同进行定量分析，发现合同复杂性并非单一维度的概念而是一个多维度概念。他们认为合同条款可以分成两类：一类条款涉及保密、专有信息、联盟终止、诉讼和仲裁问题，被用于应对知识产权管理和严重违约行为，措辞严苛，属于强制性（enforced）条款；另一类条款是情报性的，涉及信息通报和审核等问题，主要用于满足合作、监察和适应性变化过程中的信息需求，属于协调性（coordinated）条款。Selviaridis（2016）指出，除了保障功能之外，合同还拥有编码（codification）、协调、适应功能，这几项功能分别对应着合同中的特定条款。例如，当感知到的环境不确定性水平较高时，合同中的成本加成支付机制发挥保障功能；当感知到的行为不确定性水平较高时，提前终止条款发挥保障功能；当感知到的不确定性来自较高的服务复杂性时，经常性的绩效检查条款发挥协调功能；当关系性经历有限时，服务调整条款以及重新谈判条款发挥适应功能。

3.2 合同结构的前因

Reuer 和 Arino（2007）从交易特征的角度探究了合同复杂性的两大维度——强制性条款和协调性条款的不同前因。实证结果表明，强制性条款与资产专用性以及联盟时限性（即有无明确的截止时间点）显著正相关，但与企业间先前的联盟经历无显著相关关系；协调性条款与资产专用性无显著相关关系，但与联盟时限性以及先前的联盟经历呈现显著负相关关系。关于先前交易经历和合同功能结构之间的关系，目前尚未形成一致认识。Ryall 和 Sampson（2009）发现，当交易伙伴间频繁发生交易特别是他们之前有合作经历时，合同更有可能包含惩罚性条款。Wang 等（2017）将合同功能分为协调、控制和适应功能，运用来自中国的 200 家建筑承包商数据进行实证研究，结果显示：之前的合作经历会增加合同协调功能，但合同控制功能和合同适应功能与之前的合作经历均不相关。

除了交易特征方面的前因外，还有学者考察了不同类型人员的参与对合同条款的影响。Lumineau 等（2011）探讨了外部法律专家和技术专家的参与对合同条款类型的影响，结果发现，法律专家的参与既增加了监督条款也增加了协调性条款，而技术专家的参与增加了协调性条款但减少了监督条款。Bercovitz 和 Tyler（2014）分析了缔约方内部科研人员和行政管理人员的参与情况对合同条款的影响，发现前者减少了强制性条款而后者使强制性条款变得更复杂。张涛等（2015）认为制造商的 IT 设备条件和 IT 人员支持有利于促进制造商和分销商之间的谈判沟通，实证结果表明，其他条件相同时，制造商的 IT 设备越先进，制造商 IT 人员提供的支持越多，其与分销商制定的一般合同条款与意外情况条款（对应适应功能）均越细致。

Mayer 和 Bercovitz（2008）探讨了跨组织惯性（interorganizational inertia）对合同设计的影响，认为以往的交易关系会产生跨组织惰性，而跨组织惰性导致企业在当前交易中使用与以往交易中相同水平的应变计划条款。他们以 386 份信息技术服务合同为研究样本，实证结果显示：买卖方以往签订的包含应变计划条款的合同数量越多，目前合同中包含应变计划的可能性就越大，反之则相反；此外，目前合同和以往合同的签订时间相隔越长，以往签订的包含应变计划条款的合同数量和目前合同包含应变计划的可能性之间的关系就越弱。这显示，跨组织惰性使得企业倾向于复制过去的签约做法，但随着时间的推移，跨组织惰性的影响在减弱。

此外，文化因素的影响也是学者们关注的议题。Delerue 等（2016）发现不同地理区域的企业侧重于不同类型的合同功能，例如，亚太地区企业签订的合同包含更多的协调条款，而北美地区企业的合同包含更多的控制条款。但是，Delerue 等（2016）并未直接探究导致上述差异的原因。Delerue 和 Sicotte（2019）探究了文化距离对国际合同内容的影响，运用归纳法对生物医药行业的 135 对国际临床研发合同进行实证研究，发现当合同双方来自文化差异较大的国家时，合同内容较为粗略，包含更少的监控条款，对合作范围的规定也较少。对此，作者提供了三种解释：第一，文化差异在合作方之间增加了不确定性，促使他们减少对非约束性条款和复杂合同的商讨；第二，设计较不完全的合同可以减少合同被错误解读的可能性；第三，不完全合同可以提供灵活性，使得各方有更多机会去提升绩效。

3.3　合同结构对交易后果的影响

相关研究（Faems 等，2008；Schilke 和 Lumineau，2018；Wang 等，2017）侧重于分别探究并比较各种合同功能对交易后果的影响，此外有研究（Smets 等，2016；Schleimer 等，2017）分析了不同合同功能的综合运用问题。

Faems 等（2008）通过案例研究法探究了不同类型合同条款所导致的不同后果。他们考察了 Graph 和 Jet 两家公司连续的两次联盟合作所产生的两份合同文件。两家公司前后签订的两份联盟合同虽然详尽程度差不多，但是内容导向存在明显差异。作者通过分析两份合同的内容，从任务分工形式、监控方式和信息交换频率三个维度区分了两种类型的合同结构，即窄界面结构（narrow interface structure）和宽界面结构。窄界面结构的特点是分工界限鲜明，几乎没有对信息交换的要求以及强调结果监控；而宽界面结构的特点则是任务分工有交叉，明确要求信息的交换以及关注过程监控。可见，宽界面结构合同既包含强制性条款也包含协调性条款，而窄界面结构合同只包含强制性条款但基本不含协调性条款。两家公司第一次联盟所依据的合同由供应商 Jet 主导撰写，为了防范 Graph 泄露机密信息、滥用知识产权的行为并且为了防止产品适用范围过窄，合同采用了窄界面结构。在出现意外的技术问题之后，Jet 公司倾向于独立解决，不和 Graph 公司交换信息，并以抵触、怀疑的心态看待 Graph 询问问题的行为。因此，两家公司的员工最终都不再信任对方，只是僵硬地执行合同。面对 Graph 公司的时间节点要求，Jet 公司不是致力于从根本上解决技术问题，而只是不断提供短期解决方案，最终 Graph 公司选择终止联盟合作。由于仍存在相互需要，双方还是开展了第二次联盟合作，不过这次合作改由 Graph 公司主导。Graph 公司在第二份合同中虽保留了第一份合同的强制性条款，但也同时增加了对 Jet 公司开展联盟活动、联合执行相关任务以及相互交换信息的明确要求，可见第二份合同采用了宽界面结构。在意外技术问题出现之后，双方能够及时交流并共同解决问题，并且能够更加灵活地执行合同条款，因此双方的第二次联盟实现了预期目标。这项多案例研究表明，在合作中出现意外的技术问题时，窄界面结构合同损害了合同各方的相互信任，导致合同的僵硬执行和糟糕的联盟绩效，而宽界面结构合同对于信任关系、合同执行方式以及联盟绩效的影响都是正面的。从这项研究可以合理推论：合同协调性条款是取得良好交易绩效的必要条件，而且如将协调性条款和强制性条款配合使用可能会产生更积极的作用。

Schilke 和 Lumineau（2018）基于 171 个战略联盟的调查数据对于合同结构对绩效的影响进行了实证研究。作者认为，合同控制和合同协调是两个独立构念，不应该被看作一个连续体中对立的两端，它们可以同时处于较高水平或较低水平。合同控制使得交易方对交易关系产生功利性、非人格化甚至怀疑态度，促使各方警觉地关注各自的权利和责任以及潜在的惩罚措施，从而产生质疑他方行动合适性的动机，并且合同控制降低了交易方的自主性，因此合同控制可能增加联盟伙伴间的冲突水平。相反，合同协调会降低冲突水平，这是因为合同协调能够促进沟通，发展共同语言，增强伙伴间学习，减少猜疑和偏执。此外，该研究还探讨了内部和外部不确定性对合同功能与冲突水平之间关系的调节作用。主要实证结果如下：第一，合同控制和合同协调表现出不同方向的效应，即合同控制提高冲突水平从而对联盟绩效产生不利影响，而合同协调降低冲突水平进而促进联盟绩效的提升。第二，环境动态性增强合同控制对冲突水平的正向影响，弱化合同协调对冲突水平的负面影响，这意味着合同在控制冲突方面的作用随着环境动态性的提高而降低。第三，联盟伙伴之间的相互依赖性负向调节合同控制和冲突水平之间的关系，从而对合同控制的负面性产生一定的抑制作用。

Wang 等（2017）探究了合同控制、协调和适应功能对企业间合作的不同影响。作者把企业间合作分为角色内（in-role）行为和角色外（extro-role）行为。前者指角色描述范围之内的行为，属于完成工作所必需的最低标准；后者是指自愿、自发的对交易有利的行为，常常在角色描述范围之外。关于合同控制功能的作用，作者在理论分析部分认为，合同控制功能明确奖惩措施，从而促进角色内行为的发生，但合同控制功能的强化显示交易方之间缺乏信任并破坏关系质量，从而使得交易方不大可能执行工作范围之外的创新性、自发性活动。实证结果显示，合同控制功能和角色内行为显著正相关，与角色外行为负相关，但不显著。关于合同协调和合同适应功能，理论分析和实证结果均表明合同协调和合同适应不仅增加角色内行为，而且鼓励角色外行为。以上结论揭示了合同控制功能对企业间合作的潜在负面作用。

对于是否要整合运用合同控制和合同协调功能，现有研究存在不一致的观点。Faems 等（2008）指出这两种不同的合同功能可能发挥出协同效应，但 Smets 等（2016）倾向于认为不同功能的整合运用会导致过度的正式化从而不利于提升绩效。Schleimer 等（2017）运用组态分析法对两种合同功能的整合运用进行了实证研究，探讨了合同保障和合同协调对于联盟新产品开发绩效的影响。他们从协调功能、知识产权保障功能和合同违约保障功能三个方面衡量合同治理。运用 fsQCA 方法识别出高绩效组态和低绩效组态，分别包含 7 组解和 1 组解，其中高绩效组态包含的 7 组解被归入四个子组。在对各组态解进行综合分析的基础上，Schleimer 等（2017）提出以下有待进一步检验的观点：第一，合同协调功能正向影响新产品开发项目的绩效；第二，当新产品开发属于渐进式创新且联盟双方之前无合作经历时，合同协调功能需要与知识产权保障以及合同违约保障功能共同作用；第三，对于联盟双方之前有合作经历的渐进式产品开发项目以及对于激进式产品开发项目来说，协调功能需要和知识产权保障功能或者合同违约保障功能同时作用。可见，合同协调功能是使得产品开发项目获得高绩效的重要条件，但不是充分条件，需要和合同保障功能保持合理的组合关系，当交易情境发生变化时，协调功能和保障功能的理想组合也要相应变化。

除了研究合同对交易后果的直接效应外，部分学者还探究了合同治理的调节效应。Bao 等（2017）探讨了合同治理对买卖方资源差异和新产品开发绩效之间关系的影响。供应商参与制造商的新产品开发成为一种普遍的实践。作者认为，供应商和制造商之间的资源差异跟制造商的新产品开发之间呈现倒 U 型关系。当供应商和制造商之间的资源差异从较低水平逐渐上升时，企业之间的资源互补性增强，有利于新产品开发，此时资源差异会促进新产品开发，而较高的合同复杂性导致刚性，不利于资源整合，从而降低资源差异对新产品开发的促进作用；如果资源差异达到某个临界值后仍继续扩大，企业间的沟通协调就出现困难，此时资源差异的增加将导致新产品开发绩效的降低，较高的合同复杂性可以克服企业间冲突并解决协调障碍，从而减弱资源差异和新产品开发之间的负相关关系。来自中国 189 家制造企业的调研数据支持了上述观点。该研究在理论推演中提及合同的控制和协调功能，隐含地认为当资源差异较低时合同控制功能的作用占据主导地位，而当资源差异较高时居于主导地位的是合同协调功能。

3.4 合同结构视角下的合同治理和关系治理的关系

在将合同解构为不同功能的组成部分后，对合同治理和关系治理的研究就不再是笼统地探究合同治理和关系治理的相互关系，而是转向探讨合同的不同功能模块和关系治理之间的关系。Vanneste 和 Puranam（2010）从法律性细节（强制性条款）中分离出技术性细节（协调性条款），发现只有法律性细节会被从负面角度加以解读。Reuer 和 Arino（2007）发现合同强制性条款与企业间先前的联盟经历无显著相关关系，而协调性条款与先前的联盟经历呈现显著负相关关系。上述结果为关系治理和合同治理之间的关系提供了新的诠释，即关系治理能替代合同中较弱的条款（即协调性条款），但不能取代较强的条款（即强制性条款）。这一发现表明，合同治理和关系治理并不是一种简单的替代或互补关系，关系治理和不同类型的合同条款可能会呈现不同的关系。在基于结构视角探讨两者关系的研究中，研究者更多地从衡量关系治理的诸多构念中挑选出“信任”加以研究。

Faems 等（2008）虽未专门探讨不同类型合同结构对不同类型信任的不同影响，但他们的案例分析资料显示，宽界面和窄界面结构的合同首先影响的是基于善意的信任，随后才是基于能力的信任。Malhotra 和 Lumineau（2011）比较早地运用统计分析法来专门探讨不同类型的合同条款对不同类型的信任的影响。他们将信任细分为基于善意的信任和基于能力的信任，并将合同条款区分为控制类条款和协调类条款。控制类条款类似于 Reuer 和 Arino（2007）所述的“强制性条款”，用于应对合作企业之间的动机不匹配问题，防范交易伙伴间的相互压榨。协调类条款用于解决合作企业的预期和行为不匹配问题，避免因误解而干扰协作。他们探究了在发生争端的情境中合同结构对于关系后果的影响，他们以西欧一家法律公司提供的 1991—2005 年间发生的 102 起纠纷所涉及的 15 万页法律文件为依据进行实证研究，结果发现：控制性条款可增强基于能力的信任但减少了基于善意的信任，进而降低了双方在发生冲突后继续合作的意愿；协调性条款对基于善意的信任没有显著影响但增强了基于能力的信任，进而提高了冲突双方继续合作的意愿。

与 Faems 等（2008）、Malhotra 和 Lumineau（2011）探讨合同结构对基于善意的信任和基于能力的信任的影响不同，Lumineau（2014）对“信任”和“不信任”的内涵和关系进行了全新的界定，在此基础上对于合同的不同维度对“信任”和“不信任”的影响机制进行比较全面的理论性探讨。Lumineau（2014）明确指出合同包括“控制”和“协调”两个维度，控制维度通过明确界定各方的权利和义务以最大限度地减少不合规（deviant）行为，而协调维度通过促进信息共享并明确任务安排以达成对目标及其实现路径的共识。他认为，应该分别从这两个维度去界定合同的复杂性，因为控制和协调条款分别在条款数量、详尽程度和严格程度等方面具有各自不同的特征。上述观点与 Reuer 和 Arino（2007）、Faems 等（2008）、Malhotra 和 Fabrice（2011）类似。除了将合同的功能区分为控制和协调两种类型外，Lumineau（2014）不再把“信任”与“不信任”看作连续体的两端，而是把它们视为一对能够独立变化的正交变量，还把“信任”与“不信任”的依据都区分为基于理性的计算性考虑和基于直觉的非计算性判断。Lumineau（2014）认为，信任并非只带来利益，也有其相应的弊端；而不信任并非只有弊端而无利益。从信息加工理论出发，Lumineau（2014）指出，合同结构影响信息收集、信息及其重要性解读、信息的整合；合同的两大功能具有不同的信息价值，通过影响信任和不信任背后的计算性和非计算性判断，对信任和不信任的积极效应和消极效应产生不同性质的影响。他提出了若干有待检验的假说，如表 3-1 所示。假说 1 是指“通过影响信任背后的计算性判断，合同控制增强信任的积极效应”。表 3-1 中其他假说的意思依此类推。根据这些假说，合同控制和合同协调对信任与不信任的效应存在多种作用路径，且综合作用效应的性质并不明确。例如，合同协调虽然增强信任的积极效应（假设 5 和假设 7a）并且减少不信任的消极效应（假设 6），但在合同协调超过一定强度之后，它也会扩大信任的消极效应（假设 7b），此时合同协调对信任的效应的综合影响性质就不明确了。Lumineau（2014）呈现了合同治理对关系治理的复杂影响，其假说进一步表明合同治理和关系治理并不是简单的替代或互补关系。当然，上述富有启发性的假说还有待实证检验。

表 3-1　合同控制和合同协调对信任与不信任的影响

影响机制		合同控制	合同协调
信任	计算性	增强积极效应（假说 1）	增强积极效应（假说 5）
	非计算性	减弱积极效应（假说 3）	增强积极效应（假说 7a） 合同协调过强则扩大消极效应（假说 7b）
不信任	计算性	增强积极效应（假说 2a） 合同控制过强则扩大消极效应（假设 2b）	减小消极效应（假说 6）
	非计算性	扩大消极效应（假说 4a） 合同控制超过一定强度后则减小消极效应（假说 4b）	减小消极效应（假说 8）

资料来源：Lumineau（2014）。

相关实证研究（Malhotra 和 Lumineau，2011）隐含静态假设，局限于合同条款的类型，但没有对于企业对合同条款的实际使用情况给予足够的关注。事实上，即使合同控制类条款和协调类条款的内容保持不变，但在不同情境下企业对两类条款的使用程度可能会发生变化，进而使得两类条款对交易绩效和交易关系的影响发生变化，因此在研究合同结构和关系治理的关系时需要运用动态思维。Shen 等（2020）综合运用合同双重功能和关系生命周期视角，对处于不同生命周期阶段的合同和信任之间的关系进行了深入剖析。他们认为合同保障条款和协调条款的运用会对善意信任产生不同的影响。他们认为，当交易方侧重于运用保障条款时，其行为可能被交易伙伴解读为缺乏信任，从而降低心理联结（psychological attachment）并产生心理抵触，进而减少交易伙伴的善意信任；而当交易方侧重于运用协调条款时，其行为表明它致力于改进交易绩效的意愿，促进合作中的程序公平，提升交易互惠性，从而促进交易伙伴善意信任水平的提升。并且，作者把企业间关系生命周期分为三个阶段——探索阶段、扩展阶段和成熟阶段，认为在不同阶段企业对合同保障条款和协调条款的利用程度不同。在探索阶段，交易方彼此了解较少，相互依赖和关系承诺都处于较低水平，降低不确定性构成该阶段的中心目标（Jap 和 Ganesan，2000），交易方对公平性的关注甚于对效率的关注，因此合同协调功能可能被认为是次要的，对善意信任的提升作用有限，而合同保障功能被更多关注，在更大程度上阻碍善意信任的构建。综合来看，在探索阶段的合同运用降低了信任水平，使得合同运用和善意信任表现出替代关系。在扩展阶段，交易方不断扩大合作、加深相互依赖，对交易效率的关注不断强化并最终超过对合同公平性的关注，因此对合同协调功能的运用不断增加并最终占据主导地位，协调功能对善意信任的提升效应超过保障功能对善意信任的扼制效应，使得合同运用和善意信任呈现互补关系。到了交易关系的成熟阶段，合同保障功能和协调功能对善意信任的影响效应都较大，两种效应都不能占据主导地位，合同对善意信任的净效应变得不显著。可以看出，Shen 等（2020）为在整个关系生命周期中合同“何时”及“如何”与关系形成互补或替代关系提供了新观点。

3.5 对相关研究的评价

本章阐述了合同结构视角下的合同治理研究。以往研究大多将合同治理作为单一维度的构念，从合同总体特征或某类（个）条款的角度对合同治理进行测量。少量研究对合同治理的维度进行了划分，例如，Luo（2002a）将合同治理分为主题包容性、条款明确性、相机适应性和合同约束性四个维度；Luo（2007）将合同完备性分为合同包容性和合同约束性。但是这些研究普遍从防范、控制功能角度分析合同治理，忽视了合同治理的协调功能。对于合同结构异质性的探究在很大程度上克服了上述研究局限。相关文献重点研究了合同控制和协调功能，有些文献还强调了合同适应功能的重要性，在区分合同不同功能的前提下开展相关研究，为我们理解合同结构的前因、后果以及合同治理和关系治理之间的关系提供了新思路和新见解。研究进展主要体现在三个方面。

第一，研究发现不同类型合同功能具有不同的前因，深化了对合同特征的前因的理论认识。实证结果表明，交易特征、参与人员的工作职能、社会文化对合同的功能性条款产生影响。Reuer 和 Arino（2007）发现，资产专用性会增加强制性条款但不影响协调性条款，联盟时限性会增加强制性条款但减少了协调性条款。根据 Lumineau 等（2011）、Bercovitz 和 Tyler（2014）的研究，技术人员对合同谈判的参与可以减少强制性条款，而法律人士和行政管理人员的参与使得强制性条款更为复杂，至于以上三类人员对协调性条款的影响，现有研究尚未形成一致结论。相关研究对社会文化的影响也进行了初步的研究，Delerue 和 Sicotte（2019）发现文化差异对国际临床研发合同的复杂性、监控条款以及合作性条款均产生负向影响。

第二，探析不同类型合同功能对交易后果的影响，有助于我们更全面地把握合同治理的作用。相关研究从两个方向展开：一是分别探讨并比较合同各类功能的作用；二是分析不同合同功能的整合运用绩效。根据仅有的少数几项研究，合同协调功能的作用看起来更为正面。例如，合同协调能够降低冲突水平，而合同控制则会提高冲突水平（Schilke 和 Lumineau，2018）；合同协调和适应功能能够增强合作过程中的角色内行为和角色外行为，而合同控制功能虽能增强角色内行为但对角色外行为无显著影响（Wang 等，2017）。至于合同协调和合同控制功能是否应该整合运用的问题，学者们尚未达成共识。依据现有研究，我们可以得到以下两个初步的推论：其一，合同协调是取得较高交易绩效的重要条件，但合同控制功能的作用亦不可忽视；其二，在交易方需要较多互动的情况下，控制功能强而协调功能弱的合同设计可能导致合作不畅。

第三，分析合同不同功能模块和关系治理之间的关系，刻画了两者关系的复杂性。相关研究主要从四个方面展开。一是探究关系治理对合同功能设计的影响。研究发现企业间先前的联盟合作经历减少了合同协调性条款但对强制性条款无显著影响，这可以被看作关系治理对合同治理存在部分替代作用的证据。二是探究合同结构对企业间关系的影响。已有研究大体支持以下观点，即协调性条款和控制性条款首先影响的可能是善意信任水平（Faems等，2008），协调性条款可能会被更加正面地加以解读，提升善意信任水平（Vanneste 和 Puranam，2010），而控制性条款可能会损害善意信任水平（Malhotra 和 Lumineau，2011）。三是探究合同治理和关系治理对交易绩效的交互作用机制。Lumineau（2011）通过理论梳理指出合同控制和合同协调对于信任和不信任对交易绩效的影响具有丰富的作用渠道。四是探究不同类型合同条款的运用情况对于关系治理的影响。这类研究不再从字面意义上研究合同功能，而是着眼于合同功能的实际使用状况，Shen 等（2020）认为企业在关系生命周期的不同阶段会有所侧重地使用保障条款和协调条款，从而使得合同治理和善意信任在不同阶段表现出不同的性质。

基于合同结构异质性的研究尽管取得了一系列重要进展，但相关研究成果的数量还较少，尚存在不少值得进一步研究的领域。

第一，应探究合同条款内容与合同功能的对应关系，即判定哪些类型的合同条款在什么情况下分别发挥合同控制、协调、适应功能。积累这方面的理论认识有助于企业更加合理地设计合同条款。

第二，对合同结构的前因进行更加广泛的探讨。现有研究虽然评估了交易专用性投资对合同结构的影响，但是环境不确定性、行为不确定性、相互依赖性、依赖不对称性等交易特征对合同功能的选择的影响尚待研究。例如，环境不确定性可能和适应功能表现出更强的关系，而相互依赖性和协调功能的联系可能更密切，未来可以开展针对性研究。关于社会文化对于合同结构的影响，未来研究需要采用更加量化的方法，对国家文化、企业文化进行测量从而能够更加客观地评估文化因素的影响。文化是非正式制度的重要组成部分，学者们对于正式制度（如法律执行力）对合同结构的影响尚知之甚少，未来可以探讨正式制度的影响，也可以综合分析正式制度和非正式制度对合同结构设计的联合作用。此外，合同适应功能是合同的一项重要功能，但目前学者对合同适应功能的前因关注不够，相关研究值得推进。

第三，更全面地评估合同结构对交易后果的影响。合同功能可以产生广泛的影响，但现有研究还比较零碎、不够系统。首先，应对更多类型的交易后果加以研究。机会主义行为是交易成本理论最关注的企业行为，在传统理论视角下合同治理对机会主义的作用也广受重视，但是目前关于合同功能对于交易后果的影响研究尚未探讨这个问题，未来研究可以对于合同控制功能、协调功能和适应功能对强形态机会主义、弱形态机会主义的影响加以分析。此外，不同类型合同功能对于知识共享、创新绩效、运营绩效、关系满意度等交易后果的影响也有待研究。其次，应分析情境因素的影响。未来研究可以分析相关的正式制度和非正式制度等制度情境因素对于合同功能的作用的影响，也可以探析网络嵌入、声誉等社会结构力量的影响。

第四，关系治理和合同治理的关系研究有待深入。首先，要准确区分研究的角度。这两种治理机制之间的关系可以从三个角度探究，一是对不同时间点上的治理机制开展研究，分析上一期的合同治理对下一期的关系治理或者是上一期的关系治理对下一期的合同治理的影响；二是对同一时间点的治理机制开展研究，分析同期的合同治理和关系治理之间的相互影响；三是对于合同治理和关系治理对交易绩效、企业绩效等变量的交互效应进行研究，分析一种治理机制如何影响另一种治理机制对于交易后果的作用。其次，除了信任以外，关系型规范等其他反映关系治理机制的变量也需要被研究。再次，未来研究可以探讨制度情境和交易情境对于关系治理和不同类型合同功能之间关系的影响，以进一步厘清理论边界。

第4章　关于合同框定效应的研究

对于合同结构的研究大多采用的是解构的方法，通过区分合同不同部分所具有的不同功能来细致探究合同治理的作用以及合同治理和关系治理之间的微妙关系。这些研究倾向于认为，合同不同部分的功能是客观的，与人的主观判断无关。可见，结构视角是依据条款的实质内容来区分合同结构的。Weber 和 Mayer（2011）对此提出了不同看法，他们最先从框定（framing）效应的视角来分析合同对当事方的心理影响。框定效应意味着决策者对于表述不同但客观实质相同的问题会做出不同的反应。根据他们的研究，两个合同条款，即使其经济实质相同，也可能会因表述的差异而产生不同的心理、行为和绩效影响，因而具有不同的功能。根据这个逻辑，合同保障条款（如强制性条款、法律性细节）并不必然损害企业间关系的发展，而协调性条款和技术性细节则有可能损害交易绩效和交易关系，它们的作用都和框定方式有关，因此只是依据合同条款的实质内容开展研究并不是一种合理的做法。

4.1　探究框定效应的主要理论

4.1.1　调节定向理论

Higgins（1997）提出了调节定向理论。调节定向理论认为，人们在实现目标的自我调节过程中会表现出特定的方式或倾向，即调节定向（姚琦和乐国安，2009）。调节定向包含预防定向（prevention focus）和促进定向（promotion focus）两种类型。人们的调节定向类型不仅受人格特质和秉性的影响从而表现出长期性和稳定性，而且可能受到当前情境的影响从而表现为一种暂时性的动机倾向。预防定向和促进定向，不论是由秉性因素还是由情境因素引致的，都会产生不同的情绪、行为和关系。从情绪反应来看，当采用预防定向时，人们把具体目标看作必须达到的最低目标，当目标得以实现时人们体验到“满足”“放松”等低强度的正面情绪，而当目标未能实现时人们会经历“愤怒”等高强度的负面情绪；当采用促进定向时，人们会把同样的具体目标看作理想状态下的最高目标，如果这个最高目标未能实现，人们会体验到“沮丧”等低强度的负面情绪，反之如果实现了最高目标，人们会体验到“喜悦”等高强度的正面情绪。从行为表现来看，当采用预防定向时，人们避免高强度“愤怒”情绪的意愿超过追求低强度“满足”情绪的意愿，在追求目标的过程中更关注有没有消极结果，产生警惕行为，尽力避免出现“做不该做的事”（sins of commission）；当采用促进定向时，人们体验高强度“喜悦”情绪的意愿超过回避低强度的“沮丧”“失望”情绪的意愿，在追求目标的过程中更关注有没有实现积极结果，表现出更强的创造性和灵活性，避免出现“没有做该做的事”（sins of omission）。从企业间关系结果来看，当采用预防定向时，人们更关注交易的负面性，倾向于对模糊事件做出负面解读，并且人们在交易过程中可能体验到的积极情绪较弱而可能体验到的消极情绪较强，因此企业间关系发展空间较小；促进定向的情况恰恰相反，有利于形成组织边界人员（boundary-spanners）之间的亲密感和情感承诺。在运用调节定向理论研究合同框定效应时，我们可以把合同的设计和表述作为引发不同类型调节定向的情境因素，分析合同框定的选择、设计和后果。

4.1.2 期望违背理论

期望违背理论（Bettencourt 等，1997；Burgoon，1993）探究期望实现与否对人们情绪的影响。期望分为正面期望和负面期望，前者指人们关于正面、积极事件的预期目标，后者指人们对负面、消极事件的预期目标。如果正面期望得以实现，人们最初会体验到略微积极的反应，随后会因为获得积极的结果而体验到更加积极的情绪。反之，如果实现了负面期望，人们最初体验到的轻度积极情绪很快会被因消极结果而导致的消极情绪所替代。如果正面期望未能实现，人们会体验到较高强度的负面情绪；反之，如果负面期望未能实现，即实际情况好于对负面事件的预期，人们会产生高强度的正面情绪反应。

在不同类型的调节定向下，人们对交易目标和交易关系会形成不同的期望。因为期望违背理论可以用来解释期望实现或未能实现时人们的情绪状态，进而解释期望实现与否对交易关系的影响，所以如果将调节定向理论和期望违背理论结合起来，合同框定类型对交易者情绪和企业间关系的影响就能得到较充分的阐释。

4.2 框定效应视角下的合同分类

根据调节定向理论，Weber 和 Mayer（2011）将合同区分为预防框定合同（prevention contracts）和促进框定合同（promotion contracts）。经济实质相同的合同条款可能呈现不同的框定类型。例如，合同对企业间的合作期限做出如下两种约定：一种是规定较短的合作期，如果合作顺利可以延长；另一种是规定较长的合作期，如果进展不如预期则可以提前终止。如果实际合作期限相同，在第一种合同下交易方认为获得了潜在的收益，在第二种合同下交易方认为遭受了损失。在这个例子中，前者属于促进框定合同，后者属于预防框定合同。再比如，假设合同规定两种报酬支付方式：一种是规定较低的基本金额，如果实现某个既定目标则给予奖励；另一种是规定较高的支付金额（以实现一个较高的目标为前提），如果没能实现这个较高目标则给予惩罚，如果最终实现了和第一种情况下相同的既定目标，则两种情况下交易方得到的实际报酬相等。包含奖赏规定的支付方式的合同属于促进框定合同，而包含惩罚规定的支付方式的合同属于预防框定合同。

Weber 和 Mayer（2011）结合调节定向理论和期望违背理论指出，不同类型的框定合同会引发不同的情绪、行为以及对交易关系的看法，并且会使得交易双方产生对交易和关系的不同期望，在随后的交易开展过程中，这些期望被满足与否又会引起进一步的情绪反应，从而影响交易的结果和交易关系。预防框定合同包含了高度详细的执行说明和意外状况的解决方案，往往为交易设立最低目标，使得各交易方保持警惕；交易各方的关系期望是一种纯粹的市场交易关系（arm's length）。现有的研究合同治理的理论（如交易成本理论和关系交换理论）大多隐含地假设合同是预防框定的，集中关注合同的防范作用。促进框定合同是指那些更关注总体进程和全局性问题而非具体细节的合同。此类合同为交易设立理想状态下的最高目标，更鼓励创造性和灵活性；各方期望构建一种亲近的、私人的、信任的交易关系。以往的研究大多没有考虑到促进框定合同对交易产生的影响，这是导致理论认识存在分歧的原因之一。

4.3 框定效应视角下的合同设计

在框定效应视角下，合同设计影响各缔约方的情绪和行为，进而影响到交易结果和交易关系；合同不仅是防范交易风险的保障机制，而且是管理交易和交易关系的重要工具。因此，恰当地运用框定效应去设计合同是经理人员的工作职责之一。缔约方应该致力于实现合同框定类型与交易特征、期望达到的关系水平之间的匹配。根据 Weber 和 Mayer（2011）的研究假说，经理人员需要注意以下事项：第一，只有当经理人员对与他方信任关系的构建毫不关心时，他们才应该使用预防框定合同。第二，在需要灵活、创新和合作行为的交易中，应该采用促进框定合同。第三，在需要警惕性行为的交易中，如果特定交易的成功比交易关系的维持更重要，经理人员应采用预防框定合同；如果交易者对基于信任的交易关系的需要占据主导地位，经理人员应使用促进框定合同。第四，如果交易各方事前就知道不大可能满足合同中设定的目标，他们就应该采用促进框定合同。第五，如果某交易方过往屡次发生机会主义行为，则其参与签订的合同应该是预防框定的。以通用汽车公司为例，它长期以来对其供应商实施机会主义行为。如果它试图改善和供应商的关系，将合同由预防框定改为促进框定，那么促进框定的合同将对原本紧张的关系产生更进一步的负面影响，至少在短期内是如此。

Weber 和 Mayer（2011）的上述观点属于理论推测，基本没有提供支持性的经验证据，Weber 等（2011）则开展了相应的实证研究。他们以合同中的时间保障条款为研究对象。时间保障条款分为两种：第一种约定的合同期限较短，但带有延展性（extendibility）；第二种约定的合同期限较长，但若达不到某个中间目标，则会提前终止合同。采用第一种约定方式的合同属于促进框定合同，而采用第二种约定方式的合同属于预防框定合同。Weber 等（2011）认为，合同框定是一项重要的关系管理能力，企业会精心选择合适的合同框定类型。他们提出理论假设认为，当存在交易方之间地理距离遥远和测量模糊性等交易风险时，或者当交易方有意维持交易关系时，促进框定合同更有可能被采用。他们以一家美国硬件和 IT 服务供应商与其客户在 1986—1998 年间签订的 80 份合同为样本展开实证研究，结果发现：当交易方之间地理距离较远、绩效衡量存在困难、双方在其他业务线中有过合作以及交易过程中产生可重复利用的技术时，交易双方更倾向于使用促进框定合同来促进关系的发展并保障交易的成功。该实证研究表明，合同框定效应是影响合同设计的重要因素。

可见，Weber 和 Mayer（2011）探讨了促进框定合同和预防框定合同分别适用于何种情境的问题，Weber 等（2011）则分析了促进框定合同和预防框定合同分别在什么情境下实际使用的问题。Passera 等（2016）则探究了合同可视化对合同框定效应的影响。Passera 等（2016）认为，除了合同条款的措辞方式，合同内容的呈现形式也会影响合同框定。在 CartaFirm 公司的案例中，销售团队与信息设计者合作推动合同内容图像化，增强运营和维护外包协议的可理解性。该公司合同可视化的做法导致了合同促进框定效应，该框定效应在两个层面发生：在总体的文档层面，CartaFirm 公司对解释性图像的精心使用向客户传递了它在协调和沟通活动中投入时间和精力的良好意愿；在局部的条款层面，合同可视化将交易方的注意力引导到收益和利益的创造上来。

4.4　框定效应视角下合同治理的作用

在框定效应视角下，不同类型的合同框定会对交易绩效和交易关系产生不同的影响，因此不能笼统地研究合同的作用，而是应根据合同框定的类型进行分别研究。促进框定和预防框定的合同并没有优劣之分，其作用受到交易情境的影响。Weber 和 Mayer（2011）从理论上探讨了实现合同目标的可能性、交易方声誉和交易特征等因素对两类框定合同的作用的影响。当交易方事前就知道他们不大可能实现合同中设定的期望目标时，促进框定的合同应设定努力追求的理想目标而不是必须实现的最低目标，在交易方可以观测其他交易方努力程度的情况下，即使最终未能实现该理想目标，交易关系受到的潜在损害也能够被最大程度地限制，因此相对于预防框定的合同，促进框定的合同更有可能对交易绩效和交易关系产生正向影响。若一个交易方声誉不好，过去在企业间交易关系中屡次发生机会主义行为，则促进框定的合同比预防框定的合同更有可能对交易绩效和交易关系产生负面影响，这是因为：①促进框定的合同对于各方履行各自义务和责任的方式做出的规定较少，容易被相关交易方看作是声誉不好的交易方试图为后续开展机会主义行为留下更多空间。②促进框定的合同跟交易情境不相匹配，促进框定的合同设定各交易方将采取善意行动，而若某交易方有实施机会主义行为的不良声誉，其他合同缔约方更有可能依据该交易方的坏名声对其行为进行解读，这就产生了内在矛盾，从而降低合同治理的作用。警惕性行为或灵活性、创造性、合作性行为对于交易成功的重要程度也是影响合同治理效应的重要因素。预防框定的正式合同设定详细的绩效标准和截止期限，关注合同细节的执行问题，要求交易方展现出负责任的行为，因此在需要警惕性行为的交易中，预防框定的正式合同比仅包含口头合同的关系治理机制更有可能产生积极的交易绩效和交易关系。在需要灵活性、创造性、合作性行为的交易中，相对于仅包含口头合同的关系治理机制，促进框定的正式合同不仅能更好地管理交易方期望，而且设计了争端解决机制，因此能产生更加积极的交易绩效和交易关系。

Fehrenbacher 和 Wiener（2019）通过试验法探究了信息技术外包合同框定对服务提供商员工知识共享意愿和承诺的影响。该研究区分了惩罚框定合同（属于预防框定合同）和奖赏框定合同（属于促进框定合同）。即使在经济实质相同的情况下，它们依然会对员工心理和行为产生不同的影响。依据前景理论，当面临和潜在奖赏金额同等的潜在惩罚时，人们对避免惩罚的重视程度要高于对追求奖赏的重视程度。知识共享活动消耗员工的时间和精力，从而可能会对外包项目的开展造成不利影响，因此，当外包合同是惩罚框定合同时，服务提供商员工担心知识共享活动造成经济损失，从而倾向于高估知识共享的成本，降低知识共享意愿。因此，惩罚框定合同会降低服务提供商员工之间的知识共享意愿。如果外包合同采用惩罚框定合同而不是奖赏框定合同，服务提供商员工会投入更多精力去完成外包项目，但会倾向于认为合同较不公平且员工从项目执行中获得的成功感和幸福感较低，因此，惩罚框定合同会提高服务提供商员工与努力相关的承诺水平，但会降低服务提供商员工对服务客户的情感承诺水平。Fehrenbacher 和 Wiener（2019）虽未直接探究合同框定对外包绩效和外包关系的影响，但这项以合同框定对员工心理和行为的影响为主题的研究为进一步探究合同框定对外包绩效和外包关系的影响机制提供了较好的基础。Bieberstein 和 Friedrich（2020）设计了一个试验，由委托人随机从损失合同（即预防框定合同）和得益合同（即促进框定合同）中选择一种，代理人按照合同要求执行实际工作任务，试验结果表明，当采用损失合同时，代理人工作更加卖力，这一发现与 Fehrenbacher 和 Wiener（2019）一致。

4.5　框定效应视角下的合同治理和关系治理的关系

在引入心理学的框定效应之后，对合同治理和关系治理之间关系的探究就不再是简单地判别两者的互补或者替代关系（Ghoshal 和 Moran，1996），而是转为探讨合同框定类型和交易情境（如交易特征、期望的关系类型）对两者关系的影响。在框定效应视角下，关于合同治理和关系治理的研究从探讨两者“是否”互补或替代转向探究两者“何时”互补或替代。

Weber 和 Mayer（2011）通过理论推演提出以下假说。其一，预防框定的合同表明交易方之间互不信任，设定的是非人格化、商业化的关系期望，并且使得交易方专注于避免消极行为，无法产生情绪满意度和关系亲密性，因此，预防框定的合同不利于信任关系的发展，它与关系治理是替代关系。其二，促进框定的合同与关系治理的关系性质受到交易特征的影响。在需要灵活性、创新性或合作性行为的交易中，促进框定的合同更有可能导致良性互动，确认积极的行为预期，为关系治理的发展打下坚实基础，因此，促进框定的合同有可能和关系治理机制形成互补关系。在需要警惕性行为的交易中，如果交易方更关注当前交易的成功，促进框定的合同更有可能产生绩效困难并放大因绩效不良而产生的负面情绪的影响，从而和关系治理形成替代关系；反之，如果交易方不是最关注当前交易的成功而是更关注于交易关系的长期维系，而且交易方之前已经形成了良好的关系，那么促进框定的合同引发的正面情绪将导致密切的协作性关系，此时促进框定的合同和关系治理构成互补关系。

Bertrandias 等（2010）就合同框定对善意信任的影响进行了准试验研究。他们首先拟定了一份措辞尽可能中性的特许经营合同，然后通过改变措辞产生了一份预防框定合同和一份促进框定合同，再把这两份新合同随机发放给参与试验的 92 名学生。试验结果如下：第一，促进框定合同能够比预防框定合同孕育更高水平的善意信任；第二，当采用促进框定合同时，合同完备性对善意信任的影响要比采用预防框定合同时的相应影响更大；第三，当采用预防框定合同时，合同控制功能对善意信任的负面作用要比采用促进框定合同时的负面作用更大。可见，Bertrandias 等（2010）的研究显示，无论是从主效应还是从调节效应看，促进框定的合同比预防框定的合同对善意信任的作用都更为正面。Bertrandias 等（2010）表明，相对于预防框定的合同，促进框定的合同与善意信任存在更强的互补性。与该研究结论呼应的研究还有 Grolleau 等（2016）、Christ 等（2012），这些研究发现人们在面对预防框定合同时会表现得不够诚实且较少信任交易伙伴。但是，并非所有研究都支持这个结论，例如，在 Bieberstein 和 Friedrich（2020）的信任试验中，损失合同（即预防框定合同）和得益合同（即促进框定合同）的代理人对委托人的信任水平及互惠性无显著差异。

在 Weber 和 Mayer（2011）理论分析的基础上，Weber 和 Bauman（2019）运用试验法检验了预防框定的合同和促进框定的合同对信任的影响机制和影响效应。在影响机制方面，作者在理论推演中认为情绪和善意归因起到中介作用，试验结果显示：在交易多次取得积极效果后，无论是采用促进框定合同还是预防框定合同，人们都会更倾向于对交易伙伴的善意做出比以往更高的评价，并且相对于预防框定的合同，采用促进框定合同时人们对交易伙伴的善意做出的评价更高。作者据此认为，善意归因可能在合同和信任之间发挥中介作用。当然，关于善意归因的中介作用，作者并未提供直接的支持性证据。在影响效应方面，Weber 和 Mayer（2011）首先分析了合同框定对于积极的交易经历对信任发展的影响的效应。从情绪视角看，积极的交易经历会给交易方带来积极的情绪体验，当采用促进框定的合同时，上述效应比采用预防框定的合同时的相应效应更大，因此促进框定的合同更能支持信任关系的发展。从归因视角看，当采用促进框定的合同时，交易方更有可能把交易的成功归因于交易伙伴的可靠性。据此作者提出理论假设，认为与预防框定的合同相比，在促进框定的合同下，经历多次积极的交易后，交易方更愿意把自己置于脆弱的地位并展现出更多的信任行为。试验结果支持上述假设。可以认为，在经历相同的积极交易结果之后，促进框定合同比预防框定合同带来更高的信任意愿和更多的信任行为。上述研究结果为促进框定合同和信任之间的互补关系提供了进一步的证据。接着，作者探讨了不同类型合同框定效应下意料之外的负面事件对信任的破坏作用。当采用预防框定的合同时，交易方倾向于认为在缺乏有力监控的情况下它们的交易伙伴可能会表现出机会主义行为（Weber 和 Mayer，2011），负面事件并非完全不在预料之中，因此负面事件对信任的损害较小。相反，在采用促进框定合同的情况下，交易方重视合作，相信合作伙伴的善意，致力于创造关系联结，意外负面事件会破坏原有的合作氛围，触发强烈的负面情绪和背叛感（Burgoon，1993），进而对信任关系产生更大的破坏作用。这项研究揭示了合同框定效应和关系治理之间关系的复杂性，它表明不同类型的合同框定对关系治理的作用还受到事件性质（正面或负面）的影响。

4.6　对相关研究的评价

关于合同框定效应的研究主要依据调节定向理论和期望违背理论等社会心理学、认知心理学理论，把合同分为预防框定合同和促进框定合同，这不仅超越了交易成本理论和社会交换理论等传统理论视角局限于合同预防框定的认知，而且相对于合同异质性结构视角亦有进展。与异质性结构视角不同，关于合同框定效应的研究不再认为合同经济实质是唯一重要的因素，相反它认为经济实质相同的条款可能因其表述形式或设计方式的不同而产生不同类型的合同框定效应，进而对交易者心理、行为和交易结果产生不同影响。在合同框定效应视角下，研究者对合同框定类型的选择、作用以及合同治理和关系治理之间的关系进行了初步探讨。

关于预防框定合同和促进框定合同的选择问题，现有研究认为，要实现合同框定类型与交易特征、期望构建的关系之间的匹配，对构建友好关系的重视程度、与项目任务执行相匹配的行为类型（警惕性行为还是灵活性、创新性和合作性行为）、实现合同设定目标的可能性、绩效衡量难度、交易方声誉（是否经常对交易伙伴实施机会主义行为）、合作经历、交易方之间的地理距离等因素都可能对合同框定类型的选择产生重要影响。

关于预防框定合同和促进框定合同的作用，Weber 和 Mayer（2011）进行了理论探讨，认为两类合同的相对作用大小取决于交易情境；Fehrenbacher 和 Wiener（2019）、Bieberstein 和 Friedrich（2020）提供了相关的经验证据，研究发现预防框定合同会激发代理人努力实现既定目标，但会降低代理人在知识共享等对实现任务目标无明确贡献的活动中的投入，并且代理人的满意度偏低。

关于框定效应视角下合同治理和关系治理之间的关系，相关研究主要从两个方向展开。一是探究预防框定合同和促进框定合同对关系治理的直接作用机制，并且比较两类合同对信任的影响性质；二是把预防框定和促进框定作为调节变量，分析两类框定效应对合同治理和关系治理之间关系的影响。总体而言，促进框定合同能够比预防框定合同对关系治理产生更为积极的作用，更有可能表现出互补性，但是这个观点不是绝对成立的，交易特征等情境变量的影响不容忽视。

关于合同框定效应的研究虽然取得了不少理论成果，但总体上尚处于起步阶段，目前还存在不少需要进一步探究的领域。

第一，应探究引发合同框定效应的主要情境因素。现有研究表明合同内容的图像化（Passera 等，2016）、对合作期限的规定方式（Weber 等，2011）、报酬支付方式（Fehrenacher 和 Wiener，2019）都会对合同框定类型产生影响。未来研究需要进一步探究其他对合同框定效应产生重要影响的合同条款和合同内容设计、呈现方式。另外，有必要对于不同职能、不同层级人员、内外部人员参与合同谈判和签订的状况对合同框定效应可能产生的影响进行探究。经理人员、工程师、研发人员、销售人员、律师等不同职能的工作人员，高级管理人员、中层管理者、基层管理者、普通员工等不同层级的工作人员，以及企业内部员工、外部人员等不同组织的人员，在关注焦点、利益关切、知识基础和经验等方面存在差异，因而不同的人员参与情况可能会产生不同类型的合同框定效应。例如，工程师和研发人员更关注项目与任务的执行推进问题，如果他们是合同谈判的领导者，所拟订的合同可能产生促进框定效应；而律师更关注交易方的权益保障，如果他们负责合同谈判，相关合同可能引发预防框定效应（Weber等，2011）。再比如，高级管理人员可能更关注具有全局性的重大问题、更关注长期利益的获取，因此由其主导的合同更有可能产生促进框定效应，当然高级管理人员的职能出身有可能对上述效应产生调节作用，例如，财务出身的高级管理人员可能弱化上述关系，而销售出身的高级管理人员可能强化该关系。

第二，可探究各种合同框定类型的适用情境。一方面，可对理论研究中提出来的假设进行实证检验；另一方面，综合运用调节定向理论和其他相关理论，更全面地探索其他适用情境。如果将调节定向理论和交易成本理论结合起来，我们就可以分析交易风险因素和合同框定类型之间的匹配关系。例如，在交易专用性投资很大以至于投资方存在较大的被压榨风险时，警惕性行为和比较广泛的监控就比较必要，因此可能产生对预防框定合同的需要；当交易方之间的相互依赖性很大时，他们需要更大的灵活性、更多地开展合作，因此使用促进框定合同的必要性增强。如果综合运用调节定向理论和社会交换理论，我们就可以探究关系质量和关系需求跟合同框定类型的匹配特征。当交易方之前已经形成良性互动关系或者是他们非常重视良性关系的培育时，促进框定合同就成为首选；相反，如果交易方对当前交易绩效的重视远甚于对关系发展的重视，预防框定合同就更为合适。将调节定向理论和制度理论结合起来，也可以产生新见解。以非正式制度中的社会文化为例，促进框定合同可能和集体主义文化、高权力距离文化、女性主义文化、长期导向文化比较匹配，而预防框定合同可能更适应高不确定性规避文化。未来需要对这些可能的适应情境进行有针对性的检验。

第三，可探究不同类型框定合同的作用机制和影响效应。不同合同框定类型可能会对当事方心理、关系质量、行为表现和交易绩效产生不同影响，未来研究需要对于合同框定类型对情绪反应、信任、关系型规范、机会主义行为、关系满意度、关系持续预期、任务绩效、企业绩效等变量的影响进行系统研究，并且要考虑制度等情境变量的潜在调节作用。

第5章 组织学习视角下的合同设计研究

交易成本理论虽然提及在设计和洽谈合同过程中经济主体学习能力的重要性（Williamson，1996），但是它并没有系统地将“学习”这一动态概念纳入理论框架中（Williamson，1999）。交易成本理论认为，有限理性的经济主体不能预料到影响契约关系的所有可能发生的事情，但它们能够预测重大的契约风险从而设计出有效应对风险的合同结构。交易成本理论隐含地假定学习相对迅速而且彻底，因而合同设计可以一蹴而就地完成。并且，交易成本理论没有充分考察合同文本的变更问题。然而，随着科技和产业革命的深化，一些产业特别是高新技术产业的技术变革速度加快，组织间的交易过程也开始变得更加错综复杂。面对复杂多变的动态竞争环境，合同学习过程显得日益重要。在此背景下，一些学者开始探索企业“是否”以及“如何”通过学习设计、使用、调整特定的合同来管理企业间交易关系。

最早对合同设计过程中的组织学习进行系统探究的是 Mayer 和 Argyres（2004）。他们对美国 Softstar 软件公司（供应商）与日本 HW 公司（客户企业）在 1989—1997 年间陆续签订的 11 份项目合同进行了案例分析。这些合同由整体合同和作为附件的工作说明书组成，在项目推进过程中，两家企业为了促进人员沟通、澄清双方的责任和期望、制订应急计划、修改格式等目标而多次修改工作说明书，大多数调整可以追溯到在执行先前的工作说明书时所遇到的问题。作者认为，合同结构的许多变化不能完全由处于风险暴露状态的交易专用性投资数量的变化来解释，相反，这些变化主要是企业学习“如何一起工作”的过程的结果。他们认为，当技术不确定性、复杂性较高，特别是技术依赖性也较强时，企业就特别有必要去学习与交易伙伴进行有效合作的方式；此时，合同可以充当知识储备库（knowledge repositories），用于存储关于企业间如何有效合作的知识。

组织学习视角下的合同设计研究，除了挖掘企业“在学习”的证据，还探讨了包括学习主体、学习内容、学习方式以及关系治理和合同治理之间关系等在内的其他议题。

5.1　关于学习主体的研究

Argyres 和 Mayer（2007）提出了“合同设计能力”的概念，认为合同设计能力是企业特定能力的组成部分之一，有助于企业获得优秀的交易绩效，是关系租金（relational rents）的一个潜在来源。在梳理相关文献的基础上，他们提出企业合同设计能力主要体现在对角色与责任、决策与控制权、沟通、应变计划、争端解决等五类条款的设计方面。他们认为，要提高合同设计能力，企业需要遵循“双重匹配”（dual alignment）的原则。

第一重匹配是实现合同条款和交易特征的匹配。作者依据交易成本理论和产权理论，总结出难以观测性、难以验证性、相互依赖性、复杂性、可占有性（appropriability）等五大交易特征，因为各交易特征引发不同类型的交易风险，所以企业需要运用不同类型的合同条款加以防范（图 5-1）。具体来说，为应对由难以观测性引发的风险，企业需要设计合适的角色与责任条款；为应对由难以验证性引发的风险，企业需要在决策与控制权条款中设定应对措施；为应对由相互依赖性引发的风险，企业需要综合运用五类合同条款；为应对由复杂性引发的风险，角色与责任、沟通、应变计划、争端解决等四类条款需要发挥用武之地；为应对由可占有性引发的风险，企业需要精心设计出决策与控制权、应变计划、争端解决三类条款。

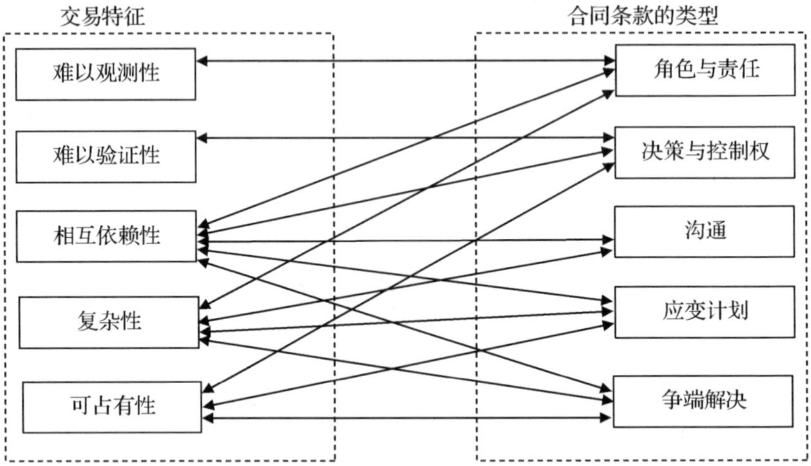

图 5-1　交易特征和合同条款类型的匹配

第二重匹配是实现合同条款类型同人员专长和职能的匹配。Argyres 和 Mayer（2007）分析了律师跟经理、工程师的不同特征，认为经理和工程师精通技术、熟悉业务、与合作伙伴交往较多、维系良好工作关系的需求更强烈，但往往不精通法律知识，律师的特征恰恰相反。据此，他们指出法律人士跟经理和工程师在设计五种不同类型条款时应发挥不同的作用，并提出了以下有待实证检验的观点：第一，角色和责任条款以及沟通条款应该主要由掌握更多技术知识和业务背景知识的经理和工程师来设计；第二，企业法律人士虽在角色和责任条款设计过程中扮演次要角色，但在争端解决条款以及决策和控制权条款的设计中应发挥更大的作用；第三，在设计应变计划条款时，法律人士应专注于设计合同模板，而经理和工程师应该在项目的内容细节拟订方面发挥更大作用。

Argyres 和 Mayer（2007）揭示了合同条款设计时开展人员专业化分工的必要性，探究了不同专业人员的角色定位问题。但是，上述分析是纯理论性的，缺乏经验证据的支持。后续研究受其启发，主要依据行为理论（behavioral theory），探究缔约方内部人员和外部人员参与合同设计的方式、原因及其对合同结构的影响，并提供了相应的经验证据。

Bercovitz 和 Tyler（2014）以产学合作为研究情境，探讨了缔约方的内部人员参与合同设计对合同结构的影响。根据行为理论，因其目标、知识集和动机不同，不同的组织角色关注缔约过程中的不同方面以及不同的合同要素（Cyert 和 March，1963），所以他们在与交易伙伴打交道过程中会学到不同的东西。在产学合作中，大学科研人员致力于创造知识、减少行为和技术的不确定性并且开展与运营惯例相关的关系性学习。一旦科研人员对交易伙伴的专长和能力产生信心，他们就会更少关注潜在的误解和机会主义行为，而更多关注研究项目的推进问题。因此，随着科研人员与某家公司缔约经验的积累，合同中的强制性条款（enforcement clauses）会逐渐减少。而合同的行政管理人员注重知识保护，致力于防范机会主义行为，不过他们较少有机会去解决行为和技术不确定性问题，因此更有可能将在以往互动中形成的合同保障措施纳入后续合同中，故而随着大学和公司合同行政管理人员缔约经验的增加，监控和知识产权条款内容会更明确地体现在合同中，合同中的强制性条款变得更加详细。来自136份产学合作合同的研究样本为上述观点提供了支持。

此外，有些研究分析了企业外部人员对合同谈判的影响。Lumineau等（2011）通过还原一份正式合同的拟订过程，探讨了外部专家对合同谈判的支持作用。案例公司Rosacom聘请精通知识产权业务的专职律师，该律师指出合同文本不够具体，缺失一些长期合同文本所必备的组成要素，并建议公司重新组织谈判以完善协议。此外，Rosacom公司还聘请了一名咨询顾问，这位顾问在合同谈判方面拥有相当丰富的经验，由其负责合同新版本的拟定，而该顾问对费用进行了更精确的界定并且增加了一些要素内容，从而使得合同文本和谈判状况更加一致。Lumineau等（2011）只是基于经验证据进行了初步的讨论，缺乏统一的理论框架。Duplat和Lumineau（2016）则运用行为理论探究了外部法律专家和技术专家参与合同设计的前因和后果。与内部人员相比，外部专家拥有更丰富、更广泛的知识，并且在获取声誉优势、保持客观中立性等方面具有关键利益需求。在设计技术转移合同时，外部专家有可能被雇佣在技术和法律两大主要领域提供支持性服务（Zhang和Li，2010）。Duplat和Lumineau（2016）认为，外部技术专家和外部法律专家不仅拥有不同类型的知识集，而且拥有不同的解读框架（interpretive framework），前者致力于减少可能的误解并且促进知识转移，后者往往存有防御心态，强调通过正式法律保护以防范风险。作者探讨了交易特征对外部专家参与的影响，在理论分析的基础上提出理论假设，认为交易专用性投资、知识的隐性程度、知识产权保护水平等因素影响外部专家参与的概率，实证研究表明：技术转移联盟投入的交易专用性投资与外部专家的参与显著正相关，而知识的隐性程度显著降低了外部法律专家参与合同设计的概率。作者据此认为技术转移联盟的交易特征（包括交易专用性投资和知识隐性程度）是影响第三方参与的关键因素。此外，Duplat 和 Lumineau（2016）还探讨了外部技术专家和法律专家的参与对合同复杂性的不同影响。作者从合同协调和合同监督两个维度来衡量合同复杂性。研究发现，外部技术专家的参与对合同复杂性无显著影响，而外部法律专家的参与显著放大了合同复杂性。进一步的研究显示，由于外部技术专家更强调促进知识转移合作而法律专家更关注知识产权保护，所以外部技术专家的参与虽增加了协调条款的纳入，但减少了监督条款的引入，外部法律专家的参与则显著提高了合同监督条款的复杂性。

5.2 关于学习内容的研究

Lumineau 等（2011）观察并研究了法国动画产业某个企业联盟的形成过程。通过对非参与式观察记录、访谈文本以及联盟缔约过程中形成的五个版本的合同进行分析，Lumineau 等（2011）总结出了缔约过程中的三类学习内容。一是关于缔约过程的知识，包括关于如何利用专家专长（邀请哪些专家？什么时候邀请？为什么邀请？）的知识、关于资源分配的知识以及关于合同角色和结构的一般性知识；二是关于缔约方的知识，既包括关于缔约伙伴技术和能力、真实意图和预期的知识，也包括关于自身实际需要和要求的知识；三是关于交易特征的知识，包括联盟目标、项目涉及范围、所开展活动的性质。

Vanneste 和 Puranam（2010）认为，缔约过程中学习的知识有两类，包括关于法律的知识和关于技术的知识。他们认为，合同中的法律条款具有更广泛的适用范围，企业在签订合同时有较多的先例可循；而技术条款往往只针对特定的产品和技术，企业在拟订技术条款时只有较少的先验知识。由于经验式学习存在着边际递减效应，所以企业在技术条款上的学习效应要强于在法律条款上的学习效应。另外，他们根据吸收能力理论指出，企业在技术领域的专长可以强化其在技术条款上的学习效应。来自荷兰 788 家中小企业的信息技术采购合同问卷数据支持了上述观点。

Passera 等（2016）论述了合同可视化对组织学习的作用。案例公司 CartaFirm 的销售团队将运营与维护外包协议的部分内容以图片形式呈现，此举弥补了企业间的知识差距，促进了外包双方对需求、服务能力和服务方式的理解；缩小了不同职业工作人员之间的知识差距，协调了不同职业人士的观察视角、做事方式及行动目标；降低了时间上的知识差距，促进了不同阶段的工作衔接。

5.3 关于学习方式的研究

Mayer 和 Argyres（2004）通过对美国软件公司 Softstar 和其日本客户 HW 公司签订的 11 份合同进行案例分析后发现，这两家企业针对合同管理的学习属于经验式学习（experiential learning），都是企业在应对实际问题（而非预测的潜在问题）的过程时触发的，并且带有明显的渐进性和局部性。交易成本理论隐含地认为，富有远见的决策者能够有预见性地、一次性地完成合同设计。很显然，Softstar 和 HW 公司的学习方式与交易成本理论的描述截然不同。Mayer 和 Argyres（2004）认为，这两家企业的学习之所以带有上述特征，是因为两个原因：一是这两家企业之间合作的大部分项目总体上是成功的，因此它们不愿意做出激进的变化；二是因为负责管理交易关系的工程师忙于应付日常工作，以至于他们没有足够多的时间去制订长远计划。虽然 Mayer 和 Argyres（2004）只发现了经验式学习，不过他们同时指出，缔约过程中的学习方式及其特征受到交易情境的影响，因此可能呈现多样性。

Wang 等（2019）探讨了企业在合作关系中的学习经历对合同设计的影响。作者分析了两种类型的经验式学习——从过去所有的合作经历中学习以及从某个合作伙伴的合作经历中学习，并且根据合同功能把合同复杂性划分为合同控制、合同协调、合同适应三个维度。研究结果显示，从过去所有合作经历中的学习可以增强合同设计能力，进而使得合同控制条款更复杂；从与某个合作伙伴合作经历中的学习可以促进跨组织惯例的形成，而跨组织惯例能够促进合同协调条款的设计。

Lumineau 等（2011）认为 Mayer 和 Argyres（2004）对学习方式的总结不

够全面。他们通过深入研究法国两家企业间第一份合同的签订过程，归纳出三种类型的学习方式。其一是带有渐进式改进性质的经验式学习，即通过试错法“干中学”，每当企业对现有的选择不满意时，它们采取相应的纠正措施；其二是代理式学习（vicarious learning），即依靠外部人员的知识开展学习，向有经验的熟人、外部法律专家征询意见并汲取其中的有益成分；其三是推理式学习（inferential learning），即运用思想试验（Ricoeur，1984）、概括、抽象、联想、描述、未来情景模拟等各种方法进行推理，以获得更加深入的认识。三类学习方式的示例如表 5-1 所示。

表 5-1　三类学习方式示例

学习方式	示例
经验式学习	Rosacom 公司经理们在发现普通律师存在知识局限性之后，最终寻求获得精通知识产权业务的专职律师的服务。
代理式学习	Rosacom 公司的一位经理要求一个熟人提供一份合同文书，把它们作为拟订合同时的参考。
推理式学习	Mediacorp 公司设计的前两份合同版本缺乏关于地点的信息。Rosacom 公司明确指出这个问题，并在第三个版本中增加了相关信息。但是，Mediacorp 返回给 Rosacom 的第四个合同版本中仍然没有关于地点的信息。Mediacorp 对地点信息的“系统性遗漏”促使 Rosacom 经理对 Mediacorp 的行为和意图提出多种假设。

Argyres 等（2007）提炼出了两种其他类型的学习方式。其一是跨条款学习（cross-provisional learning）。在拟订某特定合同的某类条款时，企业会加深对交易特征的理解，这有利于完善对其他类型合同条款的设计。作者重点研究了任务描述条款和应变计划条款。任务描述条款有利于缔约方形成对于待完成工作任务的共同认知，避免对各自角色和责任产生误解；应变计划条款有助于缔约方应对意外事件对交易关系的冲击。更清晰、更详细的任务描述往往是应变计划设计活动的重要副产品，而在任务描述方面的投入会产生额外的应变计划完善机会，因此在设计合同时应变计划条款和任务描述条款之间产生了跨条款学习效应，彼此产生了正向促进作用。作者基于 386 份技术合同进行统计分析，结果发现：在设计合同时，应变计划条款和任务描述条款互为补充。跨条款学习可以解释合同不同要素之间的互动关系这个被以往研究忽视的问题。其二是伙伴特定学习（partner-specific learning）。Argyres 等（2007）认为，随着两家企业合作时间的延长，它们会获得更多的关于交易特

征和彼此特性的知识，并且它们会开发出关系特定惯例来引导彼此互动（Zollo 等，2002），进一步地，随着知识的积累，缔约方能够更详细地界定各方的角色和责任，并且能够以更低成本更准确地识别相关的突发事件，因此随着交易关系的发展，合同内容变得更加丰富（Poppo 和 Zenger，2002）。随着缔约方对合作伙伴的情况有更多的了解，他们能够更好地理解突发事件的类型，懂得如何有效地适应，从而降低关于应变计划的谈判成本，因此应变计划条款的内容变得更加丰富。经验证据表明，企业的合作期限与应变计划条款的详细程度显著正相关，从而支持了上述观点。但是，企业的合作期限与任务描述条款的详细程度未能呈现预期的显著正相关结果，对此作者提供了两种解释。第一，随着合作时间的推移，合作伙伴诚实交易的声誉增强，从而使得拟订详细的任务描述的必要性降低；第二，缔约方可能会发现某些类型的细节内容并不是必需的，因而愿意删除相关内容。可见，Argyres 等（2007）的实证结果为伙伴特定学习的观点提供了部分支持。

5.4　组织学习视角下的关系治理和合同治理之间的关系

组织学习视角有助于深入分析合同设计和关系演化的过程，为我们准确、全面地把握合同治理和关系治理之间的关系提供了新的机会。

Mayer 和 Argyres（2004）讨论了合同治理对信任的作用效应。其实证数据显示，随着时间的推移，美国软件公司 Softstar 和其日本客户 HW 公司的合同治理与信任关系都在增强，这与合同治理和关系治理的互补性观点一致。Mayer 和 Argyres（2004）认为，管理人员和工程师在缔约过程中的信任度提高，部分原因是合同缔约过程有助于他们明确双方的责任和权利。进一步，他们更具推测性地提出一个增强信任的行为机制，认为缔约过程中的共同学习创造了一种积极的气氛，即学习如何合作的过程有利于培养双方的信任氛围。作者进一步提出，对角色和期望的共同理解以及可能的共同学习机会可增强合同对信任的积极影响。需要指出的是，Mayer 和 Argyres（2004）揭示的合同治理和信任关系都增强的现象可能是由于组织学习分别作用于这两个变量所导致的，因此该实证发现并不能被看作关系治理和合同治理互补的直接证据。

Zhang 等（2018）探讨了交易关系受挫后的合同学习问题。他们认为，合同的总体详细程度反映了企业关于买卖方缔约的知识基础，在交易关系受挫前签订的合同越详细，意味着买卖方拥有的相关知识和经验越丰富，在交易关系受挫后买卖方就越有可能从中汲取教训从而对合同进行更大范围的调整。合同调整不仅是对新学习活动进行编码、避免组织遗忘的手段（Zollo 和 Winter，2002），而且可以改进对交易关系的控制和协调从而提升关系持续性（Eberl 等，2015）。但是，如果合同调整幅度过大，交易关系中会被灌输不信任气氛（Roehrich 和 Lewis，2014）并且引起合同刚性，从而不利于交易关系的持续。因此，作者认为，关系受挫后的合同调整幅度与关系持续性呈现倒 U 型关系。来自 272 家中国制造企业的经验证据为上述观点提供了支持。

Xing 等（2021）以 115 家中外合资企业的合资合同为研究样本，探究了初始合同的详细程度和合资前关系对合同后续调整幅度、方向和类型的影响。结果发现，在其他条件相同时，合资前的合作经历越丰富，合资企业经营过程中合同调整幅度就越大，不仅新加入或强化的条款数增多，而且删除或弱化的条款数也增多。根据交易成本理论和社会交换理论得出的关系对合同的替代论认为，良好的关系会减少合同再谈判的必要性（Gulati 和 Singh，1998），而强化正式机制的做法可能被解读为对合作伙伴意愿和能力的不信任（Malhotra 和 Murnighan，2002）。很显然，Xing 等（2021）的实证发现与替代论不一致，相反，它应该被看作以往关系和合同之间的互补性证据，可以用合同学习视角加以解释。在合同学习视角下，企业间交往经历越多，越有可能积累起更多的交易知识，而企业会把合同作为关于未来合作的知识和信息的储备库，因此合同会变得更详细。

5.5 对相关研究的评价

交易成本理论关于“合同人”的理性程度假设存在内在矛盾。一方面，交易成本理论明确指出“合同人”是有限理性的；另一方面，它又隐含地认为在设计合同时“合同人”具有完全理性，能够在无穷短的时间内精准实现合同结构和交易特征的匹配。有限理性假设更符合企业间缔约实践，特别是在交易复杂、环境多变的情况下，“合同人”有限理性的特征更为明显，一蹴而就地完成合同设计的可能性大大减小，此时“由谁”设计、“如何”设计及如何调整合同就成为一个重要的议题。组织学习视角的引入可以为上述问题提供答案。在组织学习视角下，学者们对合同学习主体、学习内容、学习方式以及关系治理和合同治理之间关系等问题有了更深入的理解。

关于合同学习主体的研究在两个方面取得进展。第一，揭示了经理、工程师和律师等企业内部人员在合同条款设计方面角色分工的理想状态（Argyres 和 Mayer，2007）。第二，揭示了内部科研人员和行政管理人员（Bercovitz 和 Tyler，2014）、外部法律专家和技术专家参与合同谈判（Duplat 和 Lumineau，2016）对合同控制与合同协调条款复杂性的不同影响。关于学习内容的研究揭示了合同学习所涉及的广泛内容。关于学习方式的研究探讨了经验式学习、代理式学习、推理式学习等多种学习类型（Lumineau 等，2011）。关于关系治理和合同治理之间关系的文献重点分析了合同调整与交易关系之间的动态作用，研究表明，先前的交易关系越积极，合作过程中的合同调整幅度就越大，总体而言合同条款会变得更复杂，但不同类型合同条款的调整方向可能有所不同；此外，合同调整幅度对交易关系的影响可能是倒U型。可以说，组织学习视角的合同治理研究在很大程度上否定了关系与合同的替代论。相关文献虽然在多个方面取得重要进展，但仍存在不少值得进一步研究的领域。

第一，可进一步探讨企业层面合同设计能力的培育及经济效应。合同设计能力作为一种企业能力，对于企业构建战略联盟进而从外部获取资源和知识具有重要价值，因此它是企业竞争优势的来源之一，有必要探讨合同设计能力对于企业的外部购买和内部制造决策、企业在所处社会网络中的中心性、企业创新绩效和财务绩效的影响。另外，与各类合同条款相关的知识分布于不同职能岗位，如何协调并整合利用不同来源的知识是提升合同设计能力的关键，未来研究可以探究构建合同设计能力所需要的资源投入、知识管理和组织协调机制。

第二，可进一步探讨学习主体的范围和影响。参与合同学习的主体不仅有企业内部员工，还可能包含外部专业人士，需要进一步分析的问题包括但不限于：在什么情况下适宜邀请外部专业人士？外部专业人士和内部员工如何实现优势互补？除了外部技术专家和法律专家，外部的管理咨询人员、注册会计师等专业人士可能被邀请参与合同谈判，这些专业人士对合同条款有何影响？在各种类型的公司各类专业人士发挥的作用有何差异？此外，还可以直接测量关键学习主体的知识基础，定量分析它们对合同设计的影响。

第三，可进一步探讨学习方式的影响因素。各种方式的学习都需要投入相应的成本，从成本节约的角度看，企业必须对各种学习方式进行取舍。企业间关系生命周期阶段、企业规模和实力、先前合作经历、合作项目特征、行业特征等因素都有可能影响学习方式的选择。以关系生命周期为例，在关系探索期，企业对交易伙伴和交易特征的了解相对有限，经验式学习可能较少，代理式学习可能处于较为重要的地位；在关系成熟期，经验式学习可能较多而代理式学习可能处于相对次要的地位。

第四，可进一步探讨合同条款学习之间的关系。企业合同学习的内容可能涵盖角色与责任、决策与控制权、沟通、应变计划和争端解决等多种条款，针对某类条款的学习可能增进关于其他条款的知识，从而关于不同条款的学习可能产生相互促进作用。Argyres 等（2007）揭示了应变计划条款学习和任务描述条款学习之间的互补性，未来研究可以探讨其他条款学习之间的关系。

第五，可进一步探讨组织学习对合同框定和合同功能的影响。现有研究分析了组织学习对合同复杂性、应变计划条款的影响，但分析还不够全面。未来研究不仅可以探讨组织学习对合同协调、控制和适应功能的影响，而且可以分析组织学习对合同框定类型的影响。

第 6 章 关于合同治理的元分析研究

关于合同治理的作用以及合同治理和关系治理之间关系的研究存在大量不一致甚至相互矛盾的实证结果。实证结果之间的不一致，不仅与研究视角的不同有关，而且有可能是由抽样误差、测量误差以及忽视边界条件导致的，元分析法可以在较大程度上解释由于后一类原因所导致的不一致。元分析通过定量的方法来汇总大量已有的实证结果，对其进行二次统计，以有效处理统计偏差，调和矛盾的结果，提供更准确的关系评估。

6.1 关于合同治理前因的元分析

在企业间协作关系中，交易专用性投资、环境不确定性和行为不确定性是三大主要交易风险。交易成本理论认为，交易风险和合同治理是正相关的，但是经验研究揭示了不一致的结果，有些研究显示正向关系，有些研究显示负向关系。Cao 等（2018）认为导致经验证据不一致的原因之一在于研究者忽略了国家文化的调节作用。根据制度理论，作为非正式制度组成部分的国家文化，塑造着企业对交易风险的态度，影响着在社会中更被认可的交易治理机制类型：当某种治理机制与主导的制度秩序不太一致时，它就会较少被视为合法的做事方式（DiMaggio 和 Powell，1991；Philips 等，2004）。在国家文化各维度中，集体主义、权力距离和不确定性规避被广泛认为是与交易风险和企业间治理相关的关键文化维度。因此，Cao 等（2018）采用元分析法探讨了这三大文化维度对交易风险和合同治理之间关系的调节作用，结果表明：

① 在个人主义文化较强的国家和地区，交易风险和合同治理的正向关系较强烈，即在其他条件相同时，相对于个人主义文化较强国家和地区的企业来说，处于集体主义文化较强国家和地区的企业较少依赖合同治理来应对交易风险。对此，作者给出如下解释：合同治理损害群体凝聚力（Lumineau，2007）并强化警惕心理（Ferrin 等，2007），因此运用合同治理来解决交易风险的做法跟集体主义文化不大一致。② 在权力距离指数较高的国家和地区，交易风险和合同治理之间的关系较弱，即在其他条件相同时，相对于权力距离指数较低国家和地区的企业，处于权力距离指数较高国家和地区的企业较少依赖合同治理来应对交易风险。因为在权力距离指数较高的国家和地区，强势企业比较有可能降低努力程度并且更有可能索取合同规定之外的更多利益（Richards，2014；Gulati 和 Sytch，2007），而弱势企业则可能不大相信合同对其利益的保护作用，所以无论是强势企业还是弱势企业，它们对合同治理的认可程度都不高。

6.2 关于合同治理有效性的元分析

针对合同治理有效性的实证结果存在较大分歧。Krishnan 等（2016）探讨了导致这些分歧的原因。他们认为，合同治理和以信任为基础的治理机制的作用可能受到环境不确定性和行为不确定性的不同影响，而以往的研究未能充分关注这一问题。他们以 82 个独立样本所包含的 15 111 对联盟关系作为数据集进行元分析，结果表明：在行为不确定性处于低到中等水平而环境不确定性处于中等到高水平时，合同治理的作用最为突出；而行为不确定性处于高水平但环境不确定性处于低水平时，以信任为基础的关系治理的作用最明显；当行为不确定性和环境不确定性都处于高水平时，合同治理损害联盟绩效，以信任为基础的关系治理也无法发挥最佳作用。可见，合同治理虽难以有效处理由行为不确定性带来的问题，但能够较好地应对环境不确定性问题。尽管如此，合同治理应对环境不确定性的能力受到行为不确定性的制约，即随着行为不确定性的提高，合同治理应对环境不确定性的能力下降。Krishnan 等（2016）在一定程度上解释了关于合同治理有效性的实证分歧，引导学者们进一步关注其他情境因素对合同治理有效性的影响。

Krishnan 等（2016）探讨了合同治理对联盟绩效的影响，但没有分析合同治理对机会主义的影响，周俊和张星玥（2018）对该问题进行了研究，他们借鉴 Krishnan 等（2016）对行为不确定性和环境不确定性的测量方法，运用元分析法探讨了在不同水平的行为和环境不确定性下合同治理和关系治理对于机会主义的抑制作用。实证结果表明：随着行为不确定性水平的提高，合同治理和关系治理对机会主义的抑制作用都会增强；随着环境不确定性水平的提高，关系治理对机会主义的抑制作用会增强而合同治理的作用效应无显著变化。此外，该研究还比较了合同治理和关系治理的相对有效性问题。总体而言，关系治理对于机会主义的抑制效应要大于合同治理，但在行为不确定性水平较低时，两者的作用无显著差异。本研究显示合同治理和关系治理对机会主义的抑制作用并非一成不变，而是会随着不确定性水平的变化而变化，这对跨组织治理机制的设计有所启示。

Crosno 等（2021）运用元分析法对合同治理的经济后果和关系后果进行了广泛研究，发现合同治理和企业绩效、关系质量、信任、关系承诺、满意度、关系型规范以及机会主义行为的相关系数分别为 0.25、0.24、0.27、0.94、0.92、0.32、0.02，均至少在5%的水平上显著为正，表明合同治理除了引发更多机会主义行为这个负面作用之外，在其他经济绩效和关系后果指标方面均表现出正面作用。进一步地，作者从合同具体性（contract specificity）和合同应用性（contract utilization）两个维度探究合同的有效性。合同具体性是指相关条款在事前被详细界定的程度（Kashyap 等，2012），与其他文献中所指的“合同完备性”“明确的合同”“合同广泛性”“合同正规化”等近义，发挥协调功能。合同应用性是指合同被用作交易管理手段和基础的程度（Gulati 等，2012），与“合同运用”“合同执行”“基于合同的治理”等术语近义，它有利于维护交易方的权利，但也可能损害合作并创造一个不利的关系环境（Samaha 等，2001）。元分析结果表明，合同具体性和合同应用性产生不同的后果。第一，两者都对企业绩效产生显著正向影响，但合同具体性的正面作用更强。第二，合同具体性与机会主义行为显著负相关，而合同应用性和机会主义行为显著正相关。第三，合同应用性和关系型规范的正向关系显著强于合同具体性和关系型规范的正向关系。最后，作者分析了交易专用性投资、产品复杂性、关系延续时长等理论性因素（theoretical factors）和产品类型、市场类型与研究地域等情境性因素（contextual factors）对合同具体性和合同应用性的后果的影响，研究结果如表 6-1 所示。Crosno 等（2021）提供了广泛的经验证据，但不少经验证据的背后存在逻辑上的矛盾，难以有效解释。例如，如果说合同应用性不利于交易关系的维护和发展而合同具体性强调协调功能，那么合同具体性与关系型规范的正相关关系就应该更强，但经验证据恰恰相反。此外，Crosno 等（2021）对合同具体性的界定不够准确，忽略了它的复杂性和多面性，片面强调合同具体性的协调功能。

表 6-1 理论性因素和情境性因素对合同具体性与合同应用性的后果的影响

权变因素	分类	主要发现
交易专用性投资	高—低	随着专用性投资水平由低转高，合同具体性和企业绩效、关系质量的正向关系变强，合同具体性和机会主义由正相关转为负相关，合同应用性和企业绩效的正向关系减弱。但是，专用性投资对合同具体性和关系型规范、合同应用性和关系型规范之间的关系均无显著调节作用。
产品复杂性	高—低	随着产品复杂性由低到高，合同具体性对企业绩效的正向影响变强，对关系型规范的正向影响变弱，合同应用性对机会主义的作用由负向转为正向，对关系型规范的正向作用减弱。但是，产品复杂性对合同具体性和机会主义、合同具体性和关系质量、合同应用性和企业绩效、合同应用性和关系质量之间的关系均无显著调节作用。
关系延续时长	长—短	随着关系延续时间的延长，合同具体性和企业绩效、关系质量的正向关系，和机会主义的负向关系都变强；合同应用性和企业绩效、关系型规范的正向关系变强，和关系质量的正向关系变弱。但是，关系延续时长对合同具体性和关系型规范之间的关系无显著调节作用。
产品类型	商品—服务	产品类型对合同具体性和各经济后果、各关系后果之间的关系均无显著调节作用。当产品类型是服务时，合同应用性和企业绩效、关系型规范之间的关系更强。但是，产品类型对合同应用性和机会主义、合同应用性和关系质量之间的关系均无显著调节作用。
市场类型	消费品—工业品	在消费品市场，合同具体性和企业绩效、关系质量的正向关系都比工业品市场中的相应关系更强。相反，合同应用性在工业品市场的作用效应更强。

续表

权变因素	分类	主要发现
研究地域	西方—非西方	与预期相反，合同具体性和合同应用性在非西方国家（如中国、日本、印度）比在西方国家（如美国和欧洲）表现出更强的作用。具体来说，在非西方国家，合同具体性对企业绩效、关系质量和关系型规范的正向作用，对机会主义的抑制作用均更强；合同应用性对关系质量、关系型规范的正向作用，对机会主义的抑制作用更强，但合同应用性对企业绩效的影响方面无显著差异。

资料来源：Crosno 等（2021）。

Dongus 等（2014）对信息技术外包情境下不同类型合同的有效性进行了元分析。合同类型的选择是信息技术外包决策的一个重要议题，信息技术外包合同主要分为时间与材料合同（MT contracts）和固定价格合同（FP contracts）。在时间与材料合同中，产品价格由实际耗费的时间和材料决定，灵活性高，但由于超额费用由买方承担，容易诱发卖方的机会主义行为，因而其控制成本高而重新谈判成本低；而在固定价格合同中，产品的价格事先确定，超额费用由卖方承担，这有利于卖方进行自我约束，但是缺乏灵活性，因而其重新谈判成本高而控制成本低。交易成本理论将合同类型的选择归结为降低交易成本的实际需求。根据交易成本理论的预测，随着任务环境不确定性的提高，时间和材料合同的灵活性优势会超过固定价格合同节约控制成本的优势。并且，不确定性导致交易双方很难事先制订合理的固定价格。因此，在任务环境不确定性高的情况下，交易双方会更偏好于灵活的时间与材料合同而非固定价格合同。然而，将近一半的实证结果并不支持这样的理论推测。Dongus 等（2014）对包含 6 343 个信息技术外包项目的 29 篇实证研究论文进行了元分析，他们认为上述理论假设不被支持的原因来自行业成熟度的差异。其元回归结果表明，只有在信息技术外包项目的新兴阶段，交易双方选择时间与材料合同而非固定价格合同的频率才会随着任务环境不确定性的提高而提高。然而，随着行业的逐渐成熟，信息不对称性减弱，商品化程度提高，上述关系会逐渐减弱。

6.3 关于合同治理和关系治理相互关系的元分析

Cao 和 Lumineau（2015）全面梳理了关于合同治理和关系治理之间关系的文献，总结了现有研究对相关概念的定义和测量，并采用元分析法来重新评估合同治理和关系治理之间的关系。他们首先总结了关于合同治理和关系治理之间关系的实证结果存在分歧的三点原因。其一，现有文献未能准确界定替代性和互补性的内涵，隐含地认为，只有当合同治理和关系治理互为补充（相互替代）且两者互补地（替代地）影响绩效时，才可以把它们界定为互补关系（替代关系）。事实上，合同治理和关系治理相互的作用性质和两者对绩效的影响性质完全可能不一致，作者据此认为应该对它们进行区分。其二，现有研究很少对合同治理和关系治理之间关系的边界状态进行研究。其三，研究方法存在局限性，往往是在单一情境中进行研究。此外，抽样误差、测量误差和其他统计学因素也是研究结果之间不一致的可能原因。基于上述分析，Cao 和 Lumineau（2015）对来自 149 个实证研究的 33 051 对组织间关系进行了元分析，结果表明：① 合同治理与关系治理呈互补性关系。合同治理和关系治理的两个方面——信任和关系型规范都呈正相关关系；同时，合同跟信任和关系规范可以共同提高满意度和绩效，并共同减少机会主义。② 合同治理和关系治理之间的作用效应受到制度环境、跨组织关系的类型、关系持续时间以及合同的测量方法等四类调节变量的影响。具体结论为：第一，法律制度和权力距离负向调节合同治理与关系治理之间的互补关系，而集体主义和关系持续时间发挥正向调节作用。第二，合同治理与关系治理在纵向一体化合作中是互补的，但在战略联盟和跨国合作中是不相关的。第三，在使用单一题项测量合同治理的研究中，合同治理和关系治理呈现出来的互补关系较弱。Cao 和 Lumineau（2015）澄清了一些关键概念，并揭示了不少有说服力的元分析结果，但是，将众多研究视角和测量方法不同的实证结果整合起来进行定量分析的做法，难以产生更有竞争力的理论视角以及更清晰的理论逻辑，并且不同的元分析成果在数据集和测量方法上的差异可能导致元分析结果之间的冲突。例如，Zhong（2013）对包含 23 173 对跨组织关系的

67 篇实证研究论文进行了元分析，得出的结论是：在合作历史较短的交易关系中，合同治理和关系治理是互补的；而在有长期合作历史的交易关系中，两者是互相替代的。这一发现与 Cao 和 Lumineau（2015）的结论相矛盾。

6.4　对相关研究的评价

关于合同治理的实证研究数量众多，这为我们开展元分析提供了前提条件。元分析可以在一定程度上减小由测量误差和抽样误差导致的估计偏误和较大方差问题，更重要的是，它为洞悉变量之间关系的边界条件提供了可能。以制度边界条件为例，如果通过问卷调查等方法收集数据，研究样本很难覆盖较多国家和地区，这使得我们难以直接分析国别制度对合同治理作用的影响。样本局限于一国之内的极少数实证研究，试图通过测量交易者对法律执行力（Zhou 和 Poppo，2010）、文化的主观感知水平（Wuyts 和 Geyskens，2005）来测量制度并分析制度的影响，但这类做法并不能完全解决问题。元分析法通过整合利用多个基于不同国家和地区的经验证据来对国别制度的影响进行较为准确的分析。

关于合同治理前因的元分析显示，个人主义文化维度和高权力距离文化维度对交易风险和合同治理之间的关系产生显著调节作用。关于合同治理有效性的元分析不仅揭示了行为不确定性和环境不确定性对合同治理与交易绩效、机会主义行为之间关系的调节作用，而且评估了合同治理的各类相关经济后果和关系后果。关于合同治理和关系治理相互关系的元分析表明，合同治理和关系治理呈互补关系，并且互补程度受到制度环境等因素的影响。

可见，相关研究深化了理论认识。不过，元分析法在合同治理领域的研究仍存在一些需要改进的地方。

第一，合同治理等高阶构念被作为单一维度构念进行处理。现有研究已经充分认识到合同治理的多维度特征并且认识到不同维度的前因和后果可能存在差异，但元分析法只是进行笼统处理，因此识别出来的是各种维度的混合效应。机会主义包含弱形态机会主义和强形态机会主义，元分析法同样没有区分。之所以没有区分这些高阶构念的维度，主要是因为相关的实证研究成果还不够丰富。待相关成果数量足够多的时候，可以开展更有针对性的元分析。

第二，对合同功能的认识带有一定程度的主观性和片面性。例如，Crosno 等（2021）强调合同具体性维度的协调功能，忽视了该维度可能存在的保障、防范功能；Cao 等（2018）在理论分析部分着重分析合同对交易风险的应对功能，忽视了协调功能。这就使得相关研究带有一定的实证结果驱动特征，相关结论的逻辑严密性不够强。

第三，情境变量的测量尚不够完美。例如，行为不确定性和环境不确定性等情境变量的测量存在较大难度，Krishnan 等（2016）创造性地提出了测量方法，但该方法尚未得到广泛认可。

第四，还需要考虑更多情境变量的影响，如相互依赖性、依赖不对称性、交易专用性投资等交易特征以及法律执行力等制度变量的影响，都值得予以考察。

第五，元分析纳入的研究数量差异较大，这可能是导致部分元分析研究结论不一致的原因之一。例如，Cao 和 Lumineau（2015）使用了 149 个实证研究的 33 051 对跨组织关系，而 Zhong（2013）运用了 67 篇实证文献的 23 173对跨组织关系，这两个元分析都对合作关系持续时间对于合同治理和关系治理之间关系的影响进行了研究，却得到截然相反的结论。因此，科学确定纳入元分析的实证研究样本是一个比较关键的任务。

第六，难以准确识别因果效应。用于分析的是相关系数而不是因果效应，并且合同治理不是外生的，它受到交易特征等因素的影响，而交易特征又同时影响到关系绩效，因此只运用相关系数进行分析的做法导致内生性问题。当然这是元分析研究的一个普遍性问题。

第7章 什么左右了合同治理和关系治理的选择？
——来自中国的证据

7.1 引言

在跨组织关系中，企业往往面临各类交易风险。交易成本理论着重探讨了三种类型的交易风险，即交易专用性投资、环境不确定性和行为不确定性，它们分别会产生不同性质的治理难题（Rindfleisch 和 Heide，1997）。交易专用性投资是指企业针对特定交易伙伴而进行的投资，此类投资若用于他途则出现价值减损。进行了交易专用性投资的投资方，面临的治理难题是“保障”，它们需要运用保障机制来保护自身免受交易伙伴“压榨”的威胁。环境不确定性，对应于 Carson 等（2006）所指的环境“变动性”（volatility），是指交易情境变化的难以预期性，它导致“调整”难题。环境不确定性越高，企业调整合作关系以适应环境变化的压力就越大。行为不确定性，对应于 Carson 等（2006）所描述的环境“模糊性”（ambiguity），是指交易方不能有效地衡量和评估交易伙伴绩效表现的程度，它导致了“绩效评估”难题。因此，在行为不确定性较高的交易情境中，占据信息优势的一方可能会采取偷懒等行为（Zhou 和 Poppo，2010）。

为了防范由交易风险所引发的交易伙伴机会主义行为，企业需要设计出有效的治理机制。研究者业已探讨了多种治理机制（周俊和薛求知，2009），其中，合同治理和关系治理是理论界关注较多的两类治理机制（Liu 等，2009）。本研究认为，关系治理和合同治理各有其优缺点，它们分别能更有效地解决某（些）特定类型的治理难题，而交易者会根据比较效率的原则去实现治理机制和交易风险的匹配，因此，在应对特定类型的交易风险时，交易者对关系治理和合同治理的倚重程度可能不同。

但是，以往的绝大多数研究并没有充分关注这两类治理机制和各类交易风险之间的匹配性问题。当然，也有少数例外。Carson 等（2006）比较了合同治理和关系治理在应对环境不确定性以及“模糊性”（即行为不确定性）时的相对有效性问题。由其提供的来自美国的经验证据显示，在环境不确定性较高时，关系治理的柔性优势使得它能比合同治理更好地处理“调整”难题；而在行为不确定性较高时，关系的社会制裁功能受到制约，但合同治理则能比较有效地抑制联盟伙伴的机会主义行为，即合同治理能比关系治理更有效地解决“绩效评估”难题。与上述结论保持逻辑一致的实证发现来自 Poppo 和 Zenger（2002）。他们基于美国的经验证据发现，合同治理更多地被用来保障交易专用性投资和应对交易伙伴的行为不确定性，而关系治理则更多地被用来应对环境不确定性。因为他们的核心目标在于探讨合同治理和关系治理的互补关系，所以他们只是揭示了上述经验证据，并没有对其背后原因进行理论探讨。

本研究聚焦于中国情境下的企业间合同治理和关系治理的选择，不仅提供关于企业如何运用合同治理和关系治理来应对不同类型交易风险的经验证据，而且综合运用交易成本理论和制度理论来探讨企业选择治理机制的驱动因素。交易成本理论认为，企业会基于比较效率的原则去设计治理机制。但是，不同制度情境中的交易者在面对相同的交易风险时未必会选择相同的治理机制。其中的原因之一是，制度情境会影响人们对于不同治理机制的比较效率的感知（Roberts 和 Greenwood，1997），从而影响治理机制的选择。

中国和美国是两个制度环境差异较大的国家，两国的交易者对关系治理和合同治理的比较效率的认识有所差异，这可能导致中国情境下的结论与 Carson 等（2006）、Poppo 和 Zenger（2002）的研究结论有所区别。美国人注重契约精神。在任何情况下，交易者之间都签订尽可能详细的合同（Salacuse，1998），这是美国商业社会所允许和提倡的。但是，在中国，熟人之间强调“和谐”和“面子”的作用。在交易伙伴的行为难以被评估的情况下，签订详细合同以监督交易伙伴的做法会损害交易伙伴的“面子”（Zhou 和 Xu，2012），从而破坏合作氛围甚至导致交易伙伴实施更多的机会主义行为。因此，与美国人不同，中国人可能倾向于认为关系治理是用来应对交易伙伴行为不确定性的更有效率的治理机制，他们会更多地依赖关系治理来应对由行为不确定性而引起的“绩效评估”难题。来自中国的 291 对买卖关系证据支持我们的推测。

关系治理既涵盖组织间层面，也包括私人关系层面（Peng，2003）。本研究对关系治理的探讨聚焦在买卖关系中关键个体间的私人关系上。这主要是基于以下两个方面的考虑。第一，在中国的商业活动中，私人关系是一个基础性的变量（庄贵军和席酉民，2004）。组织间互动关系的建立和维持往往依靠个人与个人间的互动（Su 等，2001），而且组织间层面的关系有时因关键个人的流动而变化甚至解体。第二，新兴经济体的交易处在以基于关系的、人格化交易为主转向以基于规则的、非人格化交易为主的进程之中（Peng，2003）。在中国情境下，这一转变的快慢突出地体现为，企业间的交易在多大程度上减少对私人关系的依赖以及在多大程度上增加合同的使用。本研究将关系治理聚焦在私人关系上，这有助于我们更直接地观察中国的制度转变进程。

目前，关于关系治理和合同治理的研究至少存在以下两个方面的问题。其一，学者们对合同治理和关系治理的相对有效性存在不同看法。从理论逻辑来看，交易成本理论强调合同的治理作用（Williamson，1985），而关系交换理论则认为关系治理更有效（Macneil，1980；Dyer 和 Singh，1998）。从实证结果来看，一些学者（如 Wu 等，2007）发现关系治理对机会主义的抑制作用更强，而另一些学者（如 Liu 等，2009）则揭示了相反的结果。总体来说，现有的研究大多只是笼统地比较合同治理和关系治理的效率，它们要么认为合同治理在应对各类交易风险时都更有效率，要么认为关系治理在处理各类交易风险时都更有效率，因而没有充分关注到这两类治理机制在应对不同类型交易风险时的比较效率差异。其二，合同治理和关系治理是互补的还是替代的？实证研究揭示了大量相互矛盾的结果——既有支持互补假设的（如 Liu 等，2009；Poppo 和 Zenger，2002；Zhou 和 Xu，2013），也有支持替代假设的（如 Ghoshal 和 Moran，1996；Wuyts 和 Geyskens，2005；Cannon 等，2000）。本研究认为合同治理和关系治理在应对不同类型交易风险时的比较效率存在差异，这将深化学界对合同治理和关系治理的比较效率及相互关系的认识，有助于消弭相关研究结论间的分歧。并且，本研究揭示出中美企业在关系治理和合同治理机制选择方面的某些差异，为国家文化和传统因素对于企业间治理机制的选择的影响提供了经验证据。此外，本研究的结论对于企业更合理地选择治理机制亦有所启示。

7.2 研究情境

7.2.1 中国情境下的私人关系

私人关系，又称人际关系，是一种人和人之间通过交往或联系而形成的对双方或多方都发生影响的一种“心理连接”（李春苗，2001）。在中国的商业活动中，私人关系是一个战略性工具（Huang 等，2016）。它支持企业获取关键和稀缺资源（Luo，2007），通过非正式的社会化机制来促进商业交易（Granovetter，1985），并且有利于企业克服法律框架不健全所带来的问题（Peng 和 Health，1996）。

在中国社会，私人关系既是手段也是目标，它不仅是中国人用来获取资源的重要手段，也是中国人人生幸福的一个重要源泉（庄贵军和席酉民，2003）。与西方文化更强调自我独立意识和普遍主义不同，中国文化更倾向于把人看作是关系网络的一部分，认为一个人应针对不同的人采取不同的态度，以实现人际关系的和谐并获得“面子”和“权力”（Park 和 Luo，2001；Hwang，1987）。Hwang（1987）将中国的人际关系分为情感性关系、混合性关系和工具性关系。他提出了一个资源分配模型，认为，在面对“请托者”的要求时，资源支配者首先要考虑的问题是，“对方和自己之间具有什么样的关系？这种关系又有多密切？”类似地，Yang（1994）根据心理距离的远近，将中国人的人际关系分为三组：家人关系、熟人关系和生人关系，对于卷入其中的个体来说，这三组不同的关系具有不同的社会和心理意义，意味着不同的人际交往规则。家人关系讲责任，往往不求回报，家人之间遵循特殊主义的交往规则；熟人关系讲人情和面子，熟人之间有条件地相互依赖；生人之间讲利害，寻求即刻回报（Yang，1994）。

随着中国市场化改革的推进，利益逐步成为决定人际关系远近、亲疏的一个重要维度（卜长莉，2003）。李沛良（1993）所提出的“工具性差序格局”特别适合用来解释当代中国人人际关系的构建目标和模式。根据“工具性差序格局”的观点，在中国，社会联系是自我中心式的，即围绕着个人而建立起来，关系越亲密的社会联系就越有可能被中心成员用来实现其所追求的利益。因此，中国人常常精心地、富有想象力地培育私人关系（Park 和 Luo，2001），努力提升其与有工具价值的个人之间的关系水平。用来发展私人关系的媒介物，除了物质的东西（如金钱、礼品等）外，还包括非物质的东西（如人情、面子、友谊和帮助等）。其中，人情和面子是中国人际交往中的重要文化现象（黄光国，2010）。人情是促进人际交往的一种社会资本（Yang，1994）。例如，如果 A 给 B 提供了帮助，A 就送了 B 一个“人情”，B 就欠了 A 一个“人情”，即 B 承担着在未来向 A 提供回报的社会义务（Yueng 和 Tung，1996）。面子是一个人透过别人的评价或对待自己的行为与态度所形成的自我心像（黄国光，1988）。面子是一种无形的社会货币（Park 和 Luo，2001），它既是个人发挥影响力的重要手段，又是个人立足社会的基础。表达对别人的尊重和赞赏，这就是送面子。因为中国人非常重视面子，将其视为人生价值的外在体现，因此，面子常常被视作人际交往中可以赠送的最大礼物，从而成为人情的重要组成部分。

7.2.2 中国的法治建设

尽管传统的中国社会极度依赖私人关系，但近年来人们开始意识到正式合同的作用（Zhou 等，2003），这一变化主要归功于中国法治建设的进展。自 1978 年改革开放以来，为了适应市场化改革的需要，中国加快了法治建设的进程。在过去的三十多年时间里，中国制定了《公司法》《中外合资经营企业法》《外资企业法》《个人独资企业法》等法律，以建立健全市场主体制度；颁布了《物权法》《著作权法》《专利法》《商标法》等法律，以建立健全明晰的产权制度；出台了《合同法》《担保法》《反垄断法》《反不正当竞争法》等法律，以建立健全规范市场行为的制度。这些法律制度能够较好地保障市场主体的经济利益，比较充分地调动了它们的积极性与创造性。

虽然中国的法治建设取得了较大成就，但是中国的法律执行仍然在一定程度上受到特殊主义的干扰（Poppo 和 Zhou，2010）。这主要是由于以下两个方面的原因。其一，在中国，法律的执行缺乏独立性，有时会受到政府官员的干预，一些官员可能会忽视法律的约束而偏袒具有较强政治联系的企业（Li 等，2010；Luo，2007）。其二，熟人关系强调“和谐”和“面子”，这导致中国人有时会通过签订宽泛合同（甚至不签订合同）来培育更密切的私人关系。这种做法虽符合社会文化的要求，但也可能会给交易的开展带来麻烦。

7.3 理论发展

在跨企业交易关系中，企业通常需要在关系治理和合同治理的力度方面进行取舍。这主要是因为两个方面的原因。其一，控制交易成本的需要。合同治理和关系治理都会产生不容忽视的交易成本。合同治理的交易成本包括缔约成本、监控成本以及可能发生的法律诉讼费用；而关系治理的交易成本同样不可忽视（Peng，2003），业务负责人和边界人员需要投入相应的人力、物力和时间去建立和维持关系，并且，良性关系即使形成了，一旦遇到挫折也往往立即烟消云散（Zheng 等，2008）。根据交易成本理论，在应对交易风险时，企业努力控制交易成本，所以它们需要在合同治理和关系治理之间进行取舍。如果在应对某类交易风险时合同治理更为有效，企业就会较多地依赖合同治理；反之，它们会更多地依赖关系治理。如果仅靠关系治理或合同治理就足以应对交易风险，企业就不会联合使用关系治理和合同治理，因为这样做在经济上是不合算的（Li 等，2010）。其二，合同治理和关系治理存在某种程度的内在冲突性。过度依赖合同治理会损害关系治理的形成和运行。签订非常完备的合同往往导致交易者之间互相怀疑（Lovett 等，1999），从而破坏合作氛围（Malhotra 和 Murnighan，2002）。在熟人间注重关系“和谐”和“面子”的中国，情况更是如此。并且，在某些情况下，交易者如果将合同制定得过于明确、复杂，反倒有可能引发甚至启发交易方采取合同中未明确禁止的损人利己行为（Bernheim 和 Whinston，1998）。

根据交易成本理论，在处理企业间互动时，企业根据关系治理和合同治理的比较效率去决定对这两种治理机制的依赖程度。但是，交易成本理论关于治理机制设计的相关论述至少存在两大局限（Roberts 和 Greenwood，1997）。其一，交易成本理论假设交易者最大限度地追求高效率，但这并不总是符合实际情况。其二，交易成本理论关于交易者的理性程度存在着相互矛盾的假设。它一方面基于有限理性假设去考察治理机制和交易特征的匹配性，另一方面又假设交易者在设计治理机制时富有远见、具有完全理性，能够一蹴而就地设计出最合适的治理机制（Duplat 和 Lumineau，2016；Weber 和 Mayer，2014）。上述局限的产生不仅是因为交易成本理论关于理性程度的“暧昧”假设，更是由于对制度力量缺乏足够的关注。为了弥补这些局限性，Roberts 和 Greenwood（1997）将制度理论的观点与交易成本理论的比较效率分析法结合起来，构建了一个受限效率框架（constrained-efficiency framework）。根据该框架，治理机制的设计分为四个阶段，依次是评估现有的设计、搜寻替代性设计、形成关于效率的期望、采纳设计，交易者在这四个阶段中不仅受到有限理性的限制，而且受到制度情境的影响。在不同的制度情境中，交易者在对治理机制的效率的重视程度、对替代性治理机制的搜寻范围、对效率的评估依据以及对治理机制的最终抉择等方面均可能有所差异。

本研究主要关注企业如何运用合同治理和关系治理来应对各类交易风险。交易专用性投资、环境不确定性和行为不确定性分别带来不同类型的治理难题，而合同治理和关系治理在处理其中任一特定治理难题时存在着效率差异。因此，根据交易成本理论，交易者在应对某一类型的交易风险时会表现出对合同治理和关系治理的不同程度的依赖。而且，有限理性的交易者对于效率差异的感知并非客观一致，它受到制度情境的影响。不同制度情境中的交易者对于合同治理和关系治理的比较效率可能会产生不同的认识，因此在应对同一种交易风险时主要依赖的治理机制可能会有所不同。

我们的理论推测是，在中国情境下，合同治理被认为在应对由交易专用性投资产生的“保障”难题时比关系治理更有效率，关系治理则被认为在应对由环境不确定性导致的“适应”难题以及由行为不确定性引起的“绩效评估”难题时比合同治理更有效率。因此，本研究提出假设，认为在中国情境中，企业会更多地依赖合同治理而不是关系治理去应对交易专用性投资；而在应对环境不确定性和行为不确定性时，企业会更多地依赖关系治理而不是合同治理。

7.4 研究假设

7.4.1 交易专用性投资的治理机制选择

根据Williamson（1975；1985）的观点，交易专用性投资可使“事前大数”交易转变为“事后小数”交易，产生“锁定”效应，从而导致交易各方就可占用性准租（Klein等，1978）进行争夺，这增加了机会主义行为发生的风险。

有研究（Rokkan等，2003；Dyer，1997）表明，关系治理可以用来应对专用性投资的负面性。但是，在保障交易专用性投资时，关系治理相对于合同治理的三大局限显得特别突出。一是，它不能事先明确界定交易方的义务和责任，从而导致角色模糊性和无效协调（Cannon等，2000）。二是，关系治理采用“软性”的社会制裁（Liu等，2009），故而其强制性约束力低。三是，建立在个人信任基础上的关系治理很脆弱，可能会快速消失，而合同治理一旦形成就可以在交易关系的整个生命周期内发挥“锚定”作用（Zheng等，2008）。因为关系治理相对合同治理存在以上三大弱点，所以它不能有效地降低专用性资产的投资方对“被压榨”风险的感知水平。

相比之下，由于中国法治建设取得重要进展，合同治理能更有效地为专用性资产的投资方提供交易保障。详细的合同可以事先明确界定对交易者的期望以及针对机会主义的惩罚措施，从而消除或减少交易方之间事后的重新议价（Zhou和Poppo，2010），并且可以有效应对由交易提前终止所导致的问题（Poppo和Zenger，2002）。因此，详细的合同可以降低专用性资产的投资方被“压榨”的可能性。并且，从企业间控制的角度来看，企业在投入交易专用性资产之后与交易伙伴签订详细合同，这是它们争取交易公平性的合理手段，容易为交易伙伴所接受，一般不至于引起它们的对抗性行动。

传统上，中国人为合同的使用留下了一定的余地。为了部分地克服私人关系的局限性，中国文化在重视人情的文化“原则”上开出了冷冻、停止人情的“例外”条款（金耀基，2012）。在涉及重大经济利益时，在信息比较充分的前提下，熟人之间倾向于在不伤感情的情况下签订合同。广泛流行的俗语“亲兄弟，明算账”“好兄弟，勤算账”就是例证。

综上，本研究认为，为了避免因被“压榨”而导致的财务损失，专用性资产的投资方会更多地利用合同治理。因此，本研究提出：

假设1　其他条件相同时，交易方更多地依赖合同治理而不是关系治理来保障其交易专用性投资。

7.4.2　环境不确定性的治理机制选择

环境不确定性使得交易关系需要进行经常性的事后调整适应，这可能导致两种形态的机会主义：拒绝调整（即情境发生变化后的被动型机会主义）以及强制性的重新谈判（即新情境下的主动型机会主义）（Wathne 和 Heide，2000）。

明确的合同由于详细规定了交易细节以及交易者在相关情形中可以采取的选择，所以它可以限制风险发生的范围。但是，合同总是不完全的（Lumineau 和 Malhotra，2011），不可避免地存在着合同未能明确约束的空白区域（Liu 等，2009）。环境不确定性越高，合同不完全的弱点就越突出。为应对环境不确定性，交易者虽可以尝试在合同中约定应对变化的原则、程序和方法（Poppo 和 Zenger，2002），但这些约定通常不能产生法律上的强制约束力。不仅如此，合同存在刚性特征。为了适应环境的变化，交易者必须经过重新谈判以取消原合同中的一些条款并签订新的合同条款，而合同的重新谈判往往是困难的，且耗费时间和金钱（Carson，Madhok 和 Wu，2006）。根据以上论述，环境不确定性越高，用合同治理来应对“调整”难题的效率就越低。

与合同治理相比，关系治理能够更有效地减少事后调整过程中可能出现的机会主义行为。关系治理能够提高交易关系的柔性，使得交易各方能够更快地识别并解决新出现的问题（Wuyts 和 Geyskens，2005）。Faems 等（2008）发现，交易双方如果存在基于善意的信任关系，则其能够灵活地处理合同执行过程中出现的意想不到的问题。Huang 等（2016）基于中国的研究情境发现，边界跨越者之间的私人联系有利于企业间的沟通、知识共享、合作和冲突解决。有研究（Salacuse，1998）表明，中国人倾向于提前和交易伙伴建立良好的关系基础，以应对动态变化的交易环境。

综上，本研究提出：

假设2 其他条件相同时，交易方更多地依赖关系治理而不是合同治理来适应环境不确定性。

7.4.3 行为不确定性的治理机制选择

在行为不确定性高的交易情境中，交易方不仅难以衡量交易伙伴的绩效，而且难以确定交易伙伴的绩效标准。根据Carson等（2006）的研究，在应对伙伴行为不确定性时，关系治理存在着和层级组织类似的困境，即因为缺乏明确的绩效标准，所以难以评价交易伙伴行为的恰当性，这最终导致关系治理的社会制裁功能难以得到发挥。Carson等（2006）认为，合同治理能够更有效地应对由环境模糊性（即交易伙伴的行为不确定性）所引发的交易风险。这是因为以下三大原因。其一，详细的合同能够降低交易伙伴事后执行机会主义行为的自由度。其二，缔约过程通常离不开事前的问题解决，而解决问题的过程有助于交易各方更好地理解交易情境，从而降低环境模糊性。其三，正式合同可以提供法律保障。例如，在交易伙伴的行为不能被准确衡量的产业中，基于结果的合同经常被采用。

美国人对详细合同的接受度很高，他们倾向于签订详细合同，即使合同中规定的某些情形是基本不会发生的（Salacuse，1998）。因此，本研究认为，Carson等（2006）的论述比较符合美国情境。而在中国，不少人倾向于抵制主观的绩效监控、衡量和评价。在交易伙伴行为不确定性较高时，如果交易者仍试图借助详细的合同对交易伙伴进行监控和评价的话，这会被交易伙伴看作是自己不被信任的信号（Zhao等，2008；Cavusgil等，2004；Ghoshal和Moran，1996；Malhotra和Murnighan，2002），容易损害交易伙伴的“面子”并伤害彼此“感情”，这势必降低交易双方的关系水平，其后果适得其反。也就是说，在中国，交易者不可过度依赖合同治理去应对交易伙伴的行为不确定性。

在绩效难以被测量和评价的交易情境中，提高交易者之间的目标一致性（goal convergence）（Ouchi，1980）是一个更可行的治理思路。本研究认为，关系治理在中国就能发挥这样的作用。在中国，随着人际交往的加深，关系水平相应提高，人与人之间的非工具性关系逐步增强，甚至有些生人关系能够发展到“拟亲属”关系的程度，此时人与人之间开始讲感情和责任，注重交易的互惠性。可见，关系治理可通过促进社会化来提高交易方之间的目标一致性（Wathne 和 Heide，2000；Ouchi，1980），从而降低交易伙伴实施机会主义行为的动机。在交易双方的关系比较密切的情况下，交易伙伴虽仍有可能利用行为不确定性较高的状况去实施一些与合作方的利益相关程度较低的机会主义行为（low-stake opportunism），但对合作方利益损害较大的机会主义行为（high-stake opportunism）则较少发生，这是因为它们无法轻易地为后一类型的机会主义行为找到道德上可行的理由（Jap 等，2013）。关系治理除了能够提高目标一致性之外，还能够降低信息不对称（Wang 等，2013），从而减少交易伙伴实施机会主义行为的机会。

假设 3 其他条件相同时，交易方更多地依赖关系治理而不是合同治理来应对行为不确定性。

7.5 研究设计

7.5.1 数据来源

我们采用问卷调查方式收集数据，调研对象为制造企业的采购经理，以受访制造企业和该企业采购经理最熟悉的国内供应商之间的关系作为实证情境。2015 年 7 月至 8 月，我们在苏州市 42 个拥有特色产业的镇（街道/园区）进行调研。调研步骤如下：第一步，以县级市（区）为单位，邀请参与调研的镇（街道/园区）分管经济的负责人集中开会，介绍调研的背景、目的和具体要求，并请其提供特色产业的企业名单。第二步，从每镇（街道/园区）企业名录中随机抽取 10 家企业。第三步，在镇（街道/园区）分管经济负责人的帮助下，我们到所选的企业进行现场调研，调研对象为企业的采购经理。在每家企业，我们要求受访采购经理尽量在会议室填写问卷。我们当面解释调研目的，强调匿名性和保密性。所有问卷都力争当场发放，现场填写，现场回收。每位参加调研的采购经理都得到研究人员的一张名片和一份小礼物。

本次调研最终回收了 313 份问卷。由于部分企业采购经理出差或有其他事务在身，我们未能获得来自这些企业的问卷。根据 t 检验的结果，填答问卷的企业和未填答问卷的企业在年销售额、员工人数和所有制类型方面均无显著差异，这显示不存在明显的无应答偏差。在剔除答案不完整的问卷后，得到291份有效问卷，有效问卷回收率为69.29%。接受调查的采购经理在目前企业的平均工作年限为7.67年，担任采购经理的平均年限为5.40年。可见，填答问卷的采购经理任职年限较长。为了进一步检验采购经理的准确填答能力，我们采用5点李克特量表请采购经理回答其对供应商技术能力和管理能力的熟悉程度，他们对供应商这两项能力的熟悉程度的平均值分别为4.28和4.32。

受访企业及采购经理的基本特征见表7-1。

表7-1　受访企业及采购经理的基本特征

	地域	数量/个（占比）	员工人数	数量/个（占比）	所有制	数量/个（占比）
企业特征	昆山	31（10.7%）	50人以下	46（15.8%）	内资私营企业	147（50.5%）
	太仓	21（7.2%）	51~499人	180（61.9%）	内资有限或股份公司	46（15.8%）
	常熟	38（13.1%）	500人以上	65（22.3%）	外商独资企业	60（20.6%）
	张家港	38（13.1%）			其他	38（13.1%）
	苏州市区	163（56.0%）				
采购经理特征	学历	人数/人（占比）	主管本企业采购的年限	人数/人（占比）	性别	人数/人（占比）
	高中（中专及以下）	99（34.0%）	0~4年	163（56.0%）	男性	142（48.8%）
	大专	110（37.8%）	5~10年	106（36.4%）	女性	149（51.2%）
	本科	78（26.8%）	11年以上	22（7.6%）		
	硕士及以上	4（1.4%）				

7.5.2　变量测量

所有量表均为5点李克特量表。在设计量表时，本研究参考已有文献使用的题项，并尽可能采用被显示具有较高效度和信度的量表；同时，考虑制造业采购情境，并征询专业人士的意见，据此对问卷题项进行必要的调整或修改。

（1）治理机制

我们关注两种形式的治理机制：关系治理和合同治理。在中国，企业间的关系治理主要通过关键决策者间的私人联系来实现。在新兴市场国家，企业高层管理者较多地关注企业与政府间的联系，较少涉入企业间的交易关系（Huang 等，2016）。因此，采购经理和销售经理等中层管理者常常成为企业间交易的关键决策人。本研究用制造企业的采购经理和供应商业务负责人之间的交往互动来衡量关系治理，关系治理量表共包含 5 个题项，反映双方的礼物赠送和私人交往情况。合同治理的量表根据 Poppo 和 Zhou（2014）、Luo（2002）和 Parkhe（1993）的研究改编，共包含 10 个题项，反映合同对双方责任和义务界定的详细程度。

（2）交易风险

我们考察三种类型的交易风险：交易专用性投资、环境不确定性和行为不确定性。交易专用性投资的量表根据 Rokkan 等（2003）、Jap（1999）的研究改编，共包含 5 个题项，反映企业针对特定供应商在生产系统、运输和仓储设施、工具和设备、人员培训方面进行的专门投资。环境不确定性的量表来自 Zhou 和 Poppo（2010），共包含 5 个题项，用来反映供应品市场的产品定价、产品特征和规格、供应商服务、技术以及市场规模的变化。行为不确定性的量表根据 Heide（2003）的研究改编，用来衡量制造企业评估供应商绩效的难度，最初包含 3 个题项，根据验证性因子分析结果，删去了其中一个题项，最终采用 2 个题项。

（3）控制变量

本研究控制了几个可能影响假设关系的变量，包括行业、所有制类型、企业规模、合作年限、采购经理感知到的法律执行力度以及网络嵌入性。用来控制行业影响的虚拟变量有 4 个：通用设备制造业、专用设备制造业、电气机械和器材制造业以及纺织服装业。所有制类型用 3 个虚拟变量表示，包括内资私营企业、内资有限或股份公司（非国有控股）、外商独资企业。企业规模用员工人数的对数表示。合作年限可能会影响到交易双方人员的交往互动和合同的详细程度（Poppo 和 Zenger，2002；Li 等，2010），因此我们需要控制它的影响。我们要求受访者填写双方首次合作的年度和月份，据此计算出双方的合作年限。法律执行力影响到人们对关系治理和合同治理的选择

（Zhou 和 Poppo，2010），所以我们引入采购经理“感知到的法律执行力度”作为控制变量，其量表根据 Zhou 和 Poppo（2010）的量表改编，共包含 4 个题项。网络嵌入性量表根据 Wuyts 和 Geyskens（2005）的研究改编，共包含 5 个题项，用来衡量交易双方在首次开展业务时是否有共同熟悉的第三方。

7.5.3 信度和效度

（1）信度分析

合同治理、关系治理、法律执行力的克朗巴赫 α 系数分别为 0.934、0.943 和 0.923。交易专用性投资、环境不确定性和网络嵌入性的克朗巴赫 α 系数分别为 0.886、0.845、0.846。行为不确定性的克朗巴赫 α 系数为 0.66。

（2）效度分析

本研究运用 Mplus 软件进行验证性因子分析，主要结果见表 7-2。验证性因子分析表明，测量模型与数据匹配良好（CFI = 0.876，SRMR = 0.061，TLI = 0.862，RMSEA = 0.076），这显示，将所考察的潜变量作为单维度构念是合适的。从各潜变量到对应显在指标的路径系数显著大于 0，且各潜变量的平均方差抽取量 AVE 均大于它与其他潜变量间的相关系数，这表明聚合效度良好。潜在变量间的相关系数显著小于 1，并且我们将 7 个多题项单维度构念两两合并作为单一维度构念进行因子分析发现，在所有情况下，包含两个因子的模型均比整合的单因子模型拟合得更好。这两项证据表明，测量具有良好的区分效度。验证性因子分析结果如表 7-2 所示。

表 7-2　验证性因子分析结果

构念	题项	载荷	t 值	AVE
专用性投资	为了加强与该供应商的业务联系，本企业在运输和仓储设施方面进行了专门投资	0.769	28.1	0.67
	为了满足该供应商的业务需要，本企业的生产系统进行了较大的改变	0.855	43.5	
	为了加强与该供应商的业务联系，本企业进行了高度专业化的工具和设备投资	0.900	57.3	
	为了加强与该供应商的沟通，本企业花费了大量的人力和物力	0.774	28.0	
	本企业投入了大量的时间和金钱去培训该供应商的员工	0.798	30.7	

续表

构念	题项	载荷	t 值	AVE
环境不确定性	供应品定价的变化速度	0. 576	12. 9	0. 53
	供应品特征和规格的变化速度	0. 742	22. 6	
	供应商支持性服务的变化速度	0. 651	16. 7	
	同类供应商所用技术的变化速度	0. 847	34. 5	
	供应品市场整体供给规模的变化速度	0. 797	28. 9	
行为不确定性	我们难以评估该供应商在合作过程中的行为	0. 759	2. 7	0. 32
	我们难以判断该供应商是否执行了我们建议的运营程序	0. 261	2. 4	
网络嵌入性	在本企业与该供应商首次签订采购协议之前……			0. 52
	本企业与该供应商有共同的业务伙伴	0. 578	12. 5	
	本企业已经与该供应商的某个（些）业务伙伴有密切的合作关系	0. 645	15. 6	
	某个（些）重要人物与我们两家企业的高管都有比较密切的私交	0. 737	22. 2	
	该供应商的高管与本企业其他供应商的高管相互熟悉	0. 823	30. 8	
	本企业的高管与该供应商其他客户的高管相互熟悉	0. 805	29. 3	
合同治理	总的来说，本企业与该供应商所签订的合同……			0. 59
	详细界定了供求双方在合作过程中的角色和责任	0. 739	25. 3	
	明确要求各方相互交流相关业务信息	0. 730	24. 2	
	明确要求各方把背离协议的情况及时告知对方	0. 792	31. 6	
	明确说明了在出现意外事件时各方采取建设性行动的原则	0. 794	32. 4	
	明确写明了双方的信息保密义务	0. 782	30. 5	
	明确要求各方不得利用商业机密牟利	0. 781	30. 1	
	明确界定了该供应商在不能及时交货时应承担的责任	0. 787	31. 4	
	明确界定了该供应商在供应品出现质量问题时应承担的责任	0. 792	32. 0	
	明确界定了本企业在不能及时付款时应承担的责任	0. 670	19. 3	
	明确界定了违约方在单方面提前终止合同时应承担的责任	0. 787	31. 7	

续表

构念	题项	载荷	t 值	AVE
关系治理	我与该供应商业务负责人……			0.75
	他/她会赠送礼物给我，以增进联系	0.934	98.0	
	我会向他/她赠送礼物，以增进联系	0.963	127.7	
	我们会一起参加娱乐活动（如体育活动、卡拉 OK）	0.833	41.1	
	我们会与对方的家人见面聚会	0.781	30.8	
	我们会利用吃饭时间与对方见面	0.813	36.9	
法律可执行力	法制系统能够保障我们企业的利益	0.842	38.3	0.75
	法制系统能够帮助我们企业应对欺诈	0.849	39.7	
	法制系统能够保证供应商按质、按量、按时向我们供应产品	0.860	43.7	
	法制系统保证我们企业高效地解决商业纠纷	0.902	54.8	

（3）共同方法偏差问题

为控制或判断共同方法偏差的严重性，本研究综合采用程序控制法和统计检验法。

程序控制的做法如下：① 强调问卷仅用于学术研究，问卷内容将被严格保密；② 告知受访者所填答案无对错之分，请其如实填答；③ 避免在问卷中明确说明构念名称，并且将存在因果关系的变量的题项尽量分开，以减少由于因果联想所造成的虚假相关问题；④ 控制问卷容量，以减轻问卷填答者负担并提高其回答准确率（Zhang 和 Li，2010）。

采用的统计检验法包括哈曼单因子检验和隐变量法。首先，将全部 7 个多题项变量纳入进行无旋转的因子分析，提取特征值大于 1 的因子，发现被提取出来的第一个因子仅仅解释了 20.52% 的方差。这显示，共同方法偏差不太可能对所考察的变量关系产生重大影响。其次，我们试图比较测量模型和隐方法因子模型的拟合度（Kulik 等，2009）。在本研究中，隐方法因子模型的拟合度明显低于测量模型的拟合度。综上，两种统计检验法均显示共同方法偏差不是一个严重问题。

7.6　实证结果

7.6.1　描述性统计

表7-3列示了构念的平均值、标准差和相关系数。合同治理的平均值为5.13，而关系治理的平均值仅为2.27。基于平均值的比较可知，在本研究样本中，企业更多地依靠合同来管理交易关系。这表明，虽然中国传统上是一个极端依赖私人关系的社会，但是随着中国法治建设的推进，中国企业开始更多地运用合同手段。

表7-3　描述性统计及相关系数表

变量名称	平均值	标准差	1	2	3	4	5	6	7	8
1. 合同治理	5.13	0.68	1							
2. 关系治理	2.27	1.16	-0.216***	1						
3. 专用性投资	3.50	1.22	0.120**	0.128**	1					
4. 环境不确定性	3.73	0.95	0.104*	0.176***	0.380***	1				
5. 行为不确定性	3.37	1.00	-0.052	0.150**	0.280***	0.179***	1			
6. 网络嵌入性	3.26	1.13	-0.088	0.396***	0.230***	0.098*	0.178***	1		
7. 法律可执行力	4.85	0.86	0.395***	-0.030	0.222***	0.224***	-0.069	0.043	1	
8. 合作年限	7.97	5.04	-0.030	0.069	0.151***	0.062	0.119**	0.139**	-0.059	1
9. 员工人数的对数	5.27	1.30	0.066	-0.102*	0.001	0.165***	-0.041	0.024	0.012	0.216***

注：$N=291$；*，$p<0.1$；**，$p<0.05$；***，$p<0.01$。

7.6.2 假设检验

为了检验假设 1 至假设 3，我们运用 Mplus 对结构方程模型进行拟合分析，并且采用 BOOTSTRAP 方法判断对应的路径系数之间的差异是否显著。统计分析的主要结果见表 7-4 和表 7-5。

假设 1 认为，交易者更多地依赖合同治理而不是关系治理来应对交易专用性投资带来的风险。依据表 7-4，从专用性投资到关系治理的路径系数仅为 -0.046（$p>0.1$），而从专用性投资到合同治理的路径系数为 0.089（$p<0.05$），前者小于后者。为了判断该差异是否具有统计意义上的显著性，我们运用 BOOTSTRAP 方法，采用有放回的抽样，取得 1 000 个子样本，从而得到差值的 95% 置信区间为［-0.284，-0.002］（表 7-5），不包含 0。可见，从专用性投资到关系治理的路径系数显著（$p<0.05$）小于从专用性投资到合同治理的路径系数，假设 1 得到支持。

假设 2 指出，交易方更多地依赖关系治理而不是合同治理来适应环境不确定性。根据表 7-4，从环境不确定性到合同治理的路径系数为 0.068（$p>0.1$），低于环境不确定性到关系治理的路径系数 0.181（$p<0.01$）。但由于后者与前者的差值的 95% 置信区间包含 0（表 7-5），所以该差异不具有统计意义上的显著性。因此，假设 2 未获支持。差异不显著的原因有待进一步探讨。若能通过增加样本量以及扩大自变量的方差等方式提高统计功效，也许能发现显著的结果。

从行为不确定性到合同治理的路径系数为 -0.135（$p<0.01$），低于从行为不确定性到关系治理的路径系数 0.150（$p<0.05$）（表 7-4），并且该差异在 1% 的水平上显著不为 0（表 7-5）。因此，假设 3 得到支持，即交易方更多地依赖关系治理而不是合同治理来适应交易伙伴的行为不确定性。实证结果表明，随着行为不确定性程度的提高，中国交易者倾向于加强人际互动并且采用更宽泛（而不是更详细）的合同。这一发现与 Poppo 和 Zenge（2002）关于美国情境下的实证结果截然不同。

表 7-4　结构方程模型中的路径系数

因变量	合同治理	关系治理
控制变量		
行业		
通用设备制造业（SIC34）	0.027（−0.18）	−0.264（−1.03）
专用设备制造业（SIC35）	0.106（0.71）	−0.552**（−2.16）
电气机械和器材制造业（SIC38）	0.225（0.79）	−0.599**（−2.25）
纺织服装业（SIC18）	−0.235（−1.36）	−0.093（−0.34）
所有制类型		
内资私营企业	−0.138（−1.07）	0.142（0.82）
内资有限或股份公司（非国有控股）	−0.093（−0.62）	−0.172（−0.83）
外商独资企业	0.093（0.67）	−0.015（−0.07）
员工人数的对数	0.021（0.66）	−0.096*（−1.79）
合作年限	0.000（0.07）	0.000（−0.03）
网络嵌入性	−0.022（−0.56）	0.309***（5.14）
法律执行力	0.07（0.05）	−0.001（−0.10）
主效应		
专用性投资	0.089**（2.49）	−0.046（−0.90）
环境不确定性	0.068（1.58）	0.181***（2.57）
行为不确定性	−0.135***（3.36）	0.150**（2.30）
R^2	0.156	0.247

注：括号中数字为 t 值；*，$p<0.1$；**，$p<0.05$；***，$p<0.01$（双尾检验）。

表 7-5　路径系数之差的显著性

路径系数之差	差值	显著性水平	Lower 2.5%	Upper 2.5%
专用性投资	−0.134**	0.05	−0.284	−0.002
环境不确定性	0.113	0.17	−0.046	0.285
行为不确定性	0.285***	0.00	0.136	0.443

注：**，$p<0.05$；***，$p<0.01$（双尾检验）。

最后，我们根据表 7-4 来描述控制变量的影响。与其他行业相比，专用设备制造业、电气机械和器材制造业较少使用关系治理。所有制类型、企业规模以及合作年限与治理机制的选择无显著关系。网络嵌入性对合同治理的使用无显著影响，但显著增加了关系治理的使用。经理们对法律执行力的感知水平跟合同治理及关系治理的使用均无显著的相关关系。

7.7 讨 论

现有的研究未能充分关注合同治理和关系治理同各类交易风险之间的匹配性问题，且忽略了制度情境对匹配结果的影响。本研究将交易成本理论和制度理论相结合，着重探讨企业如何运用合同治理和关系治理来应对交易专用性投资、环境不确定性和行为不确定性三种不同类型的交易风险。来自中国的291对买卖关系数据表明：① 专用性投资对合同治理有显著正向影响，但对关系治理没有显著影响；② 环境不确定性对合同治理没有显著影响，但对关系治理有显著正向影响；③ 行为不确定性与合同治理显著负相关，但与关系治理显著正相关。从回归路径系数之差来看，合同治理对专用性投资的回归系数显著大于关系治理对专用性投资的回归系数，合同治理对环境不确定性的回归系数和关系治理对环境不确定性的回归系数没有显著差异，而合同治理对行为不确定性的回归系数显著小于关系治理对行为不确定性的回归系数。可见，合同治理更多地被用来处理由交易专用性投资产生的“保障”难题，而关系治理则更多地被用于应对由伙伴行为不确定性引起的“绩效评估”难题。本研究的结论与Carson等（2006）的结论有所差异，其原因可能在于中美两国不同的制度情境。本研究剖析了面临交易风险的企业选择合同治理和关系治理的驱动因素，揭示了制度情境对治理机制选择所产生的影响，并且深化了对合同治理和关系治理的比较效率及相互关系的理论认识。

7.7.1 理论意义

其一，本研究考察了合同治理和关系治理跟不同类型的交易风险之间的匹配性问题，深化了学界对合同治理和关系治理的比较效率的认识。合同治理和关系治理，何者更有效率？这一问题没有简单的答案。交易成本理论强调了合同治理的重要性，而关系交换理论则高度重视关系治理的作用。本研究认为，这两种理论认识都有其积极意义，但都不全面，它们均忽略了合同治理和关系治理在处理特定类型交易风险时的效率差异。本研究认为，交易专用性投资、环境不确定性和行为不确定性会产生不同类型的治理难题，而合同治理和关系治理在应对任一特定类型的治理难题时都存在效率差异，因此交易者在面临每一种交易风险时都会表现出对合同治理和关系治理的不同程度的依赖。但是，以往的研究未能充分关注上述问题。本研究不仅探究了治理机制和交易风险之间的匹配机理，而且提供了支持性的经验证据。以中国的291对买卖关系为样本，本研究有以下实证发现。第一，为了应对由交易专用性投资带来的“保障”难题，交易者更多地依靠合同治理而非关系治理；第二，为了应对由行为不确定性带来的“绩效评估”难题，交易者主要依靠关系治理并且较少地使用合同治理。

其二，本研究揭示了制度情境的国别差异对治理机制选择的影响。本研究的实证结果表明，在中国情境下企业应对交易伙伴行为不确定性的重要手段是关系治理而非合同治理，这一发现与Poppo和Zenger（2002）、Carson等（2006）不同。Carson等（2006）强调，详细的合同能够压缩交易伙伴实施机会主义行为的空间，并且缔约过程可以促进交易方对交易情境的理解，而关系治理无法解决伙伴行为不确定性较高条件下的监控和评估难题，所以合同治理能够比关系治理更有效地应对由伙伴行为不确定性引发的治理难题。但是，这一论述不适用于中国。中国缺乏美国式的缔约文化，围绕绩效监控、衡量和评估的冗长的缔约过程常常破坏交易方的关系基础，从而引发更多的机会主义行为。与Ouchi（1980）提出的解决思路一致，在中国情境中，在应对伙伴行为不确定性导致的治理难题时，交易方关注的重点不再是绩效的衡量和评估，而是致力于创造目标的一致。本研究的实证结果表明，在面临较高的伙伴行为不确定性时，交易方不仅会加强与交易伙伴的人际互动，而且倾向于通过签订宽泛的合同来表达对交易伙伴的信任，营造友好的合作气氛，从而提升交易双方的关系水平。

其三，本研究结论有助于我们更深入地理解合同治理和关系治理的相互关系。合同治理和关系治理到底是互补的还是替代的？这是一个存在广泛争议的问题。一些学者认为两者互相替代，另一些学者则认为它们相互补充。对于这些相互矛盾的结果，本研究可提供一种新的解释。本研究认为，为了降低交易成本并减少治理机制间的内在冲突，交易者在应对每一种交易风险时都倾向于选择更有效率的治理机制。因此，如果交易者面对的交易风险比较单一，则其主要依赖关系治理或合同治理，此时，关系治理和合同治理表现出替代关系。但是，如果交易者既投入了较多的专用性资产又面临较高的不确定性，则其需要联合使用合同治理和关系治理。因此，在多种交易风险并存的情况下，合同治理和关系治理可以呈现出互补关系。

7.7.2 实践意义

在跨企业交易关系中，企业需要在确保治理机制有效果的情况下最大限度地降低交易成本。本研究的结论对中国企业间的治理机制设计提供了启示。当企业投入的交易专用性资产较多而不确定性较低时，企业应该主要依靠合同治理。当投入的交易专用性资产较少而不确定性较高时，企业主要依靠关系治理。当交易专用性投资较多且不确定性较高时，企业需要同时依赖关系治理和合同治理。本研究的发现对中美企业开展合作时的治理机制选择亦有启示意义。在交易伙伴的行为不确定性较高时，美国企业倾向于更多地依赖合同治理，而中国企业倾向于选择关系治理。中美两国企业应该能认识到其中的差异，做到换位思考，并且积极借鉴彼此处理方式的合理之处。

7.7.3 研究不足及未来研究方向

本研究存在以下不足，这也构成了未来的研究方向。第一，同以往的大多数研究一样，本研究的数据来自单个交易方，并且是单一数据来源。以后的研究应致力于获取配对数据（dyadic data），从而克服同源方差（CMV）问题。第二，本研究探讨了在中国情境下国内买卖方之间的交易，但没有考察跨国买卖关系。第三，本研究的样本属于非股权联盟。在跨国交易情境和股权联盟中，结论是否会有所不同？这值得进一步研究。第四，本研究的样本来自中国东部的发达城市苏州，样本企业具有产业多样性（覆盖传统制造业和高科技制造业、资本密集型工业和劳动密集型工业）、规模多样性（50 人以下和 500 人以上企业均占相当大的比例）、所有制多样性以及受访经理学历多样性，这在一定程度上使得自变量和调节变量具有较大变异。并且，本研究控制了法律执行力等制度性变量对因变量可能产生的系统性影响。此外，尽管依据一两个城市的企业样本进行企业间关系实证研究的成果并不鲜见（如 Zhou 和 Poppo，2010），但样本集中在苏州仍有可能限制本研究的可推广性（generalizability），未来的研究可考虑引入中国中西部地区的企业样本。第五，本研究关于合同治理和关系治理优缺点的阐释是基于企业间治理机制设计者的主观角度，没有实证评估并比较这两类治理机制的实际效果，未来研究有必要进行这方面的尝试。

7.8 本章结论

已有研究不仅未能充分关注到合同治理和关系治理在应对不同类型交易风险时的效率差异，并且未能充分讨论制度情境的影响。本研究探讨了中国情境下的企业如何选择合同治理和关系治理来应对不同类型的交易风险。实证结果显示，在中国情境下，交易者更多地依靠合同治理而非关系治理来应对由专用性投资导致的“保障”难题，更多地依赖关系治理而非合同治理来处理由伙伴行为不确定性带来的“绩效评估”难题。我们的研究表明，制度情境影响着企业对治理机制的选择。中美两国制度情境差异较大，这导致两国人对合同治理和关系治理的优缺点存在不同认识，故而两国企业在应对交易伙伴行为不确定性时会做出不同的选择。另外，尽管改革开放后中国已经在法治化建设方面取得了不小的成就，企业买卖关系中对合同治理的绝对依赖水平已经高于对私人关系的绝对依赖水平，但中国有关私人关系的传统和文化至今仍影响着中国企业对治理机制的选择，这揭示了新兴市场国家制度转型过程中的路径依赖性（Peng，2003）。

第8章 不确定条件下合同和关系对机会主义作用的元分析[①]

8.1 引 言

近年来，战略联盟等跨组织关系变得非常普遍，成为组织间交换产品、服务和知识的重要机制。跨组织关系可以提高效率、创造价值，对组织获得竞争优势至关重要（Faems 等，2008）。然而，它们的失败率很高（Park 和 Ungson，2001）。导致失败率居高不下的重要原因之一是跨组织关系中的机会主义威胁。因此，探究能够有效抑制合作伙伴机会主义行为的治理机制就成了跨组织关系管理研究的主要议题。其中，合同治理和关系治理是目前学术界主要探讨的两大治理机制。关于合同治理的研究大多从交易成本理论出发，着重探讨正式治理机制的作用；而针对关系治理的研究立足于关系交换理论，认为非正式的治理机制在跨组织关系中发挥着重要作用。学术界对合同治理和关系治理机制进行了大量研究，但在这两种治理机制对机会主义的抑制作用大小以及两者的相对有效性问题上尚存争论。

本研究认为，导致争议存在的一个关键原因就是现有研究没有充分考虑影响合同治理和关系治理功能发挥的各种边界条件，其中之一就是不确定性。不确定性作为一类重要的交易特征，给跨组织合作带来了动态调整、信息不对称和绩效评估等难题（Zhou 和 Poppo，2010），从而影响治理机制作用的发

① 本章由本书作者和研究生张星玥共同完成。

挥。Krishnan 等（2016）运用元分析法探究了行为和环境不确定性对于合同治理和关系治理对跨组织关系绩效的影响的调节作用。他们的研究显示，随着行为和环境不确定性水平的变化，合同治理和关系治理对于跨组织关系绩效的影响亦发生某种变化。根据交易成本理论，合作各方使用治理机制的初衷是抑制交易关系中的机会主义（Williamson，1975）。相对于跨组织绩效，机会主义跟合同治理和关系治理这两种治理机制之间的联系更为直接，它们之间的权变关系值得进一步研究（周茵等，2013）。但是，目前尚无元分析研究探讨不确定性对于这两类机制对机会主义的作用的调节效应。本研究拟进行这方面的尝试。元分析法通过汇总大量已有的研究结果，不仅可以有效处理统计偏差，调和矛盾的结果，提供更准确的效应评估，而且可以解决在单个原始研究（primary study）中难以实现的特殊调节效应分析。

8.2　理论背景

8.2.1　合同治理与关系治理的内涵

合同治理是指交易受明确规定了双方责任和义务的正式书面合同约束的程度。传统上，学者们主要基于交易成本理论、产权理论和委托代理理论等经济学理论视角来探讨企业间的合同治理，强调合同治理的“控制”和“防范”功能，着重探讨了如何使用合同的法律制裁功能来减轻事前或事后风险的问题（Weber 等，2009）。近年来，除了“控制”功能外，合同的“协调”功能开始得到越来越多的关注。Reuer 和 Arino（2007）发现合同复杂性并非单一维度的概念而是一个多维度概念，认为合同条款可以分成两类：一类条款涉及监督和制裁功能，属于强制性条款；另一类条款涉及信息通报和审核等问题，主要用于满足合作和适应性变化过程中的信息需求，属于协调性（coordination）条款。Lumineau（2014）提出了类似的观点，指出合同功能包括“控制”和“协调”两个维度，控制维度通过明确界定各方的权利和义务以最大限度地减少不合规行为，而协调维度则通过促进信息共享并明确任务安排以达成各方对目标及其实现路径的共识。

关系治理是一种与合同治理相对应的非正式治理机制，是指交易双方使用关系规范或者利用关系连续性预期来治理跨组织关系（Lusch 和 Brown，1996）。与合同治理不同，关系治理强调非正式的结构和合作双方的自我约束（Cao 和 Lumineau，2015）。关系治理同时涉及内在规则和外在行为（Luo 等，2012），内在规则包括信任、承诺、灵活性等规则，外在行为是指合作伙伴联合行动和共同解决问题。学者们对关系治理的研究主要从信任、关系型规范、私人关系等角度展开。

8.2.2 机会主义的内涵

交易成本经济学家 Williamson（1985）将“机会主义”定义为“狡黠地寻求自我利益的行为”。机会主义不同于一般的遵守承诺的自利行为（Ghohal 和 Moran，1996），而是一种忽视道德和（或）法律约束，利用各种可以利用的机会，通过牺牲他方利益以增加己方利益的行为。根据交易成本理论，当存在专用性投资、行为不确定性和环境不确定性等交易风险时，跨组织交易关系就会受到机会主义的威胁。

8.2.3 两类治理机制对机会主义的作用研究述评

根据交易成本理论的逻辑，正式合同是一种用来保护交易专用性资产免受机会主义威胁的主要工具。正式合同一方面可以发挥控制功能，明确交易方的责任和义务以及违约后的处罚措施，借助法律制裁的手段来抑制机会主义行为；另一方面发挥协调功能，促进交易方之间的信息交流，从而减少信息不对称问题（Carson 等，2006）并增进交易方之间的信任（Lumineau，2014）。然而，合同治理也存在一些局限性。其一，由于决策者的有限理性，合同总是不完全的，这使得合同的法律约束力被削弱，从而为机会主义行为留下空间（Luo，2002）。其二，合同具有刚性特征，这使得它难以适应环境的变化。其三，根据关系交换理论，合同若拟订得过于明确，则其可能被交易方视为“不信任”的信号，这会破坏交易中的合作氛围，非但不能抑制，反倒可能会诱发机会主义行为（Ghoshal 和 Moran，1996）。实证研究也揭示了相互矛盾的结果。一部分实证研究支持合同治理和机会主义的负相关关系（Liu 等，2009；Luo，2007），但是也有一部分实证结果显示两者关系不显著（Wuyts 和 Geyskens，2005）甚至呈正相关关系（Kashyap 等，2012）。

根据已有文献，关系治理对机会主义的作用机制如下。其一，促进社会化，以改善交易方之间的目标兼容性（Wathne 和 Heide，2000）；其二，降低各交易方的机会主义倾向（John，1984），从而减少其利用他方脆弱性的动力；其三，强化对机会主义实施方的社会制裁，使其被孤立（Wuyts 和 Geyskens，2005）；其四，增强关系延续性，从而增加交易方预期的机会主义成本（Rokkan 等，2003），以降低其从事机会主义的经济驱动力；其五，增进交易方的信息交流，以减少由信息不对称所产生的机会主义（Wathne 和 Heide，2000）。其中，前两条为内在驱动机制，后三条是外在刺激机制。然而关系治理存在“阴暗面”。一些学者认为，关系治理很容易被滥用，导致合作双方的盲目信任，为机会主义滋长留下空间。此外，有学者指出，当交易伙伴的行为不确定性较高时，关系治理的社会制裁效果较差（Carson 等，2006）。关于关系治理对机会主义抑制作用的实证结果亦存在较大差别，如 Lai 等（2012）和 Brown 等（2009）的研究就揭示了相反的结果。

除了对于合同治理和关系治理对机会主义的效应性质存在争议外，学者们对合同治理和关系治理的相对有效性也存在不一致的发现。一些学者发现合同治理比关系治理能更有效地抑制机会主义（Liu 等，2009），而另一些学者（Wu 等，2007）则发现关系治理更有效。导致上述实证结果不一致的原因可能在于相关研究所涉及的交易情境和交易特征存在很大差异，而这些差异对于合同治理和关系治理对机会主义的抑制机制产生了影响，因此应考虑将交易情境和交易特征变量作为调节变量，以开展进一步的分析。

8.2.4　行为和环境不确定性

根据交易成本理论，不确定性给跨组织交易带来了风险和困难并且增加了机会主义发生的概率。学者们对不确定性这一概念展开了大量研究，并根据来源和特征的不同对不确定性进行分类。Luo 等（2009）将不确定性分为外部不确定性和内部不确定性，而 Carson 等（2006）则将其分为模糊性和变化性。虽然这些分类在表述上有所不同，但究其本质可以将不确定性归纳为两大类。第一类是由绩效衡量和评估困难引起的行为不确定性，第二类是由外部环境的不稳定性和不可预测性带来的环境不确定性。

行为不确定性是指交易方不能有效地衡量和评估交易伙伴绩效表现的程度，它导致了“绩效评估”难题。行为不确定性的根源是信息不对称。在缺乏必要信息的情况下，交易方可能难以准确监测交易伙伴的行为，或者虽能准确观察到交易伙伴的行为，但不能准确判断它对交易绩效的影响，从而产生行为不确定性问题。当交易伙伴的行为不确定性较高时，它们有可能歪曲反映自身能力，违背先前约定的承诺，或者故意不履行其责任（Hoetker 和 Mellewigt，2009；Mayer 和 Argyres，2004），发生推诿、欺骗和“搭便车”等机会主义行为。当交易方对合作伙伴行为绩效的认知模糊不清时，一些机会主义行为可能会被忽视，而一些合作性行为甚至可能被误认为是机会主义，因而降低了双方合作的动机。

环境不确定性是指交易情境变化的难以预测性，如产品市场的波动（Wholey 和 Brittain，1989）、监管政策的变化（Sutcliffe 和 Zaheer，1998）等。环境不确定性越高，企业调整合作关系以适应环境变化的压力就越大。在环境不确定性较高的情况下，跨组织关系中的交易方可能会拒绝进行适应性调整，或者通过重新谈判迫使对方让步以攫取更大的利益。

8.3 研究假设

8.3.1 行为和环境不确定性对合同治理抑制机会主义的作用的影响

（1）行为不确定性条件下合同治理对机会主义的作用

交易成本理论强调合同的控制功能，认为合同治理可以通过详细地规定各交易方的责任和权利以及约定解决未来不确定事件时的程序、规则和框架来抑制机会主义行为。在行为不确定性水平较低的环境中，交易伙伴的机会主义行为较容易被准确观测，因此明确的合同条款可以较好地发挥法律制裁的功能，此时合同治理对机会主义的抑制作用来源于合同的“控制”功能。当行为不确定性较高时，详细的合同不仅可以发挥“控制”功能，而且可以发挥“协调”功能。首先，合同的控制功能依然发挥作用，明确的合同有助于降低合作伙伴事后从事机会主义的自由度并且有助于对违反合同条款的交易方进行法律制裁。其次，详细合同的缔结需要各交易方在合同磋商阶段就投入大量的时间去共同分析并解决相关问题，这有助于它们更深入地理解交易情境，从而减少信息不对称问题。此外，合同条款还可以对信息交流机制提出明确要求，从而在一定程度上减少合作过程中的误解和分歧。

综上，与行为不确定性较低时相比，在行为不确定性较高的情况下，合同对机会主义的抑制功能得以更全面的发挥，这使得合同治理对机会主义的抑制效应变得更强。因此本研究提出假设：

假设1 随着行为不确定性水平的提高，合同治理与机会主义之间的负相关关系加强。

（2）环境不确定性条件下合同治理对机会主义的作用

在环境不确定性水平较低时，合同的控制功能可以很好地发挥抑制机会主义行为的作用。但是，随着环境不确定性的提高，合同的控制功能下降。主要原因为：其一，合同具有刚性特征。为了适应环境的变化，交易方必须适时地就合同的防范性条款进行重新谈判并重新签订合同，这往往要耗费较多的时间。环境不确定性的水平越高，交易方更新防范性条款以保证其与新环境相匹配的难度就越大。其二，合同总是不完全的。环境不确定性程度越高，合同不完全带来的问题就越突出，导致存在机会主义倾向的交易方有更多的“钻漏洞”机会。

但是，随着环境不确定性水平的提高，合同的协调功能可以发挥越来越大的作用。交易方可以在合同中约定应对变化的原则、程序和方法（Poppo和Zenger，2002）以及相互交换信息的要求，这些约定虽未必有法律制裁力，但它们对交易方在应对环境变化时的行动具有导向意义。Faems等（2008）考察了Graph和Jet两家公司连续的两次联盟合作所产生的两份合同文件，发现合同中的协调性条款使得各交易方在意外技术问题出现之后，能够及时交流并共同解决问题，并且能够更加灵活地执行合同条款。

可见，随着环境不确定性的提高，合同的控制功能减弱但协调功能增强，合同对机会主义的总效应变化就取决于控制功能和协调功能的消长情况：如果控制功能的减弱程度高于协调功能的增强程度，合同对机会主义的抑制效应下降；如果控制功能的减弱程度小于协调功能的增强程度，则合同对机会主义的抑制作用变大。因此本研究提出假设：

假设2a 随着环境不确定性水平的提高，合同治理与机会主义之间的负相关关系减弱。

假设 2b 随着环境不确定性水平的提高，合同治理与机会主义之间的负相关关系增强。

8.3.2 行为和环境不确定性对关系治理抑制机会主义的作用的影响

（1）行为不确定性条件下关系治理对机会主义的作用

行为不确定性使得企业对合作伙伴行为的衡量和评估变得困难。根据 Ouchi（1980）的观点，在行为不确定性较高的情况下，由于较难准确评估员工的行为，所以层级组织较难监督并控制员工行为。由于类似的原因，当行为不确定性水平较高时，关系治理也难以发挥出充分的社会制裁功能（Carson 等，2006）。尽管如此，关系治理在协调成员方的目标和利益方面可以发挥更大的作用。

关系治理可以削弱交易方的短期导向和机会主义倾向。在行为不确定性较高时，尽管交易方对具体交易活动的公平性的认识可能存在矛盾，但如果它们之间的关系水平较高，它们会预期到短期的不公平现象将会在长期内得到修正（Poppo 和 Zenger，2002），这可减缓它们对短期内的绩效进行精确评估的需求，从而有助于交易方更富包容性地、建设性地理解交易伙伴的行为（Mcevily 等，2003）。并且，随着行为不确定水平的提高，各交易方对“内部一致性”的需求增加，而关系治理可以很好地满足这一需求。关系治理致力于构建良性的合作关系，有助于形成一种“团结一致”的交易氛围（Rokkan 等，2003），使得各交易方更能够尊重伙伴的资源和知识界限（Krishnan 等，2006），而且促进相互间的信息共享（Dyer 和 Wu，2003），使得各交易方的行为透明度得到提高，从而可有效抑制机会主义行为的发生。

可见，随着行为不确定性水平的提高，关系治理的社会制裁功能减弱，但目标和利益协调功能增强。关系的社会制裁由直接当事方或交易关系所属的紧密团体施加，只有当直接当事方拥有不可替代的关键资源或交易关系所在团体的成员紧密结合且该团体拥有不可替代的关键资源时，社会制裁功能才能发挥较大的作用。由于上述条件通常不能被满足，所以基于广泛样本开展的元分析研究难以观察到明显的社会制裁功能。因此，行为不确定性的提高对社会制裁功能的影响较弱但对目标和利益协调功能的影响较强。综上，本研究认为，关系治理对于机会主义的抑制作用会随着行为不确定性的提高而提高。

假设 3　随着行为不确定性水平的提高，关系治理与机会主义之间的负相关关系加强。

（2）环境不确定性条件下关系治理对机会主义的作用

关系治理能够提高交易关系的柔性，使得交易方能够更快地识别并妥善解决新出现的问题（Wuyts 和 Geyskens，2005）。这主要是由于以下两个原因。其一，关系治理能促进信息交流，便于交易方之间在充分分享信息的基础上广泛探究用于解决问题的各种可能方案。其二，关系治理不仅可以培育“团结一致”的交易氛围，而且可以强化社会制裁功能，这使得交易方利用环境的变化来谋取私利的动机减弱。环境不确定性的水平越高，跨组织交易关系面临的事后调整需求越大，关系治理的柔性优势因此将得到更充分的利用。当环境不确定性较低时，环境的特征是相对稳定的，因此跨组织交易关系中的成员可以按事先设定的规则开展交易，无须对规则进行频繁调整，此时关系治理的柔性优势所能发挥作用的空间较小。综上，本研究认为，关系治理对于机会主义的抑制作用会随着环境不确定性的提高而增强。

假设 4　随着环境不确定性水平的提高，关系治理与机会主义之间的负相关关系加强。

本研究的概念模型如图 8-1 所示。

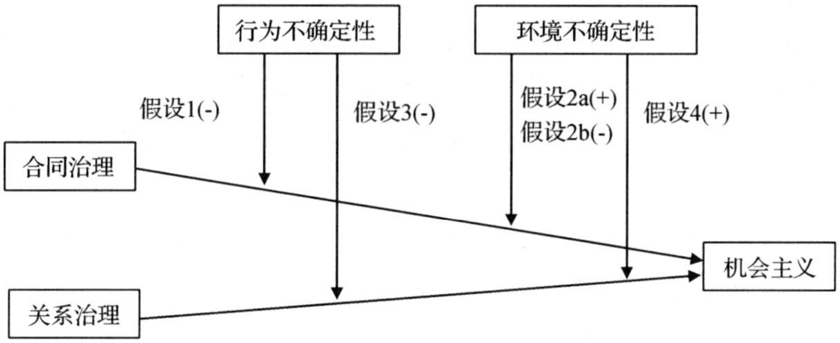

图 8-1　概念模型

8.4 研究设计

本研究采用元分析法进行研究，将定量和定性的方法相结合，按照国外学者已经摸索出的比较成熟的程序进行，以控制各种可能出现的偏差。具体步骤如下。

8.4.1 文献检索

本研究通过以下四种方法尽可能全面地搜索所需实证文献：① 在 CNKI 数据库（中国期刊网）、中国科技期刊数据库（维普期刊）、万方数据库检索系统、中国优秀博硕士论文数据库（CDMD）和百度学术搜索这五大数据库检索题名、关键词、摘要或主题词中包含“合同治理”“契约治理”“正式治理”“正式控制”“关系治理”“社会控制”“信任”“治理机制”“机会主义”的中文文献，并进一步链接、下载这些文献的相似文献。② 在数据库 ABI/INFORM、EBSCO、Elsevier Science Direct、PROQUEST、ISI Web of Science 以及 Google 学术搜索中检索题名、关键词、摘要或主题词中包含“contract”“formal governance”“formal control”“legal safeguard”“relational governance”“trust”“relational norms”“informal governance”“informal control”“informal control”的英文文献，并进一步链接、下载这些文献的相似文献。③ 手工查阅前两步骤所找到文章的参考文献部分来确定是否有文献被遗漏。④ 通过向该领域的学者寻求帮助等方式获得部分没有发表的有关研究文献。

接着，对初次检索到的文献按照以下三个标准进行筛选与剔除。筛选标准为：① 选定的研究所分析的单位必须是跨组织的二元关系，研究组织内部、个体间或团队间关系的都被剔除。② 选定的研究必须是实证研究，至少报告了合同治理和机会主义以及关系治理和机会主义之间的一种相关系数。案例研究、概念研究或没有报告任何相关系数或有效统计量的实证研究都被剔除。③ 选定的研究必须是独立样本并且样本量明确，共享相同样本的研究只选取发表在影响因子最高的期刊上的成果。

8.4.2　效应值的编码

确定了纳入分析的文献后就需从文献中提取各种所需的数据，制作编码表。编码过程从研究描述项与效应值统计项两方面展开。其中研究描述项包括文献作者、发表年限、题目、期刊名称等文献来源信息，以及变量测量方法、研究对象、样本特征（行业和规模等）、研究结论等研究特征信息。效应值统计项包括样本量、变量的信度系数、相关系数、标准误差、t 值、p 值等。其中效应值的产生以独立样本为单位，每个独立样本编码一次。由于数据提取工作量大，容易出错，为保证编码具有较高的信度，本研究采用同一编码者在不同时段对所有编码文献进行重新编码的方法。

8.4.3　主要变量测量

本研究采用 Krishnan 等（2016）所使用的单位加权综合度量方法来测量行为不确定性和环境不确定性。

（1）行为不确定性的测量

本研究使用两个指标来衡量行为不确定性的水平：一是高研发强度产业在一个研究样本中所占的比例；二是服务行业在一个研究样本中所占的比例。通过标准化这两个指标的标准化得分之和来建立行为不确定性的综合度量指标。采用这两个指标的原因如下。一方面，与传统行业不同，高研发强度行业由于涉及更多的知识性资产交易，本身存在着较强的内生不确定性（Ulset，1996），同时信息不对称问题较严重（Allen 和 Phillips，2000），对绩效的衡量更困难（Mayer 和 Nickerson，2005）。这些因素都使得高研发强度行业受行为不确定性的影响会更大。并且，Coff（2003）的实证结果表明，机会主义的发生概率随着研发强度的提高而增大。因此我们采用高研发强度产业的联盟在一个研究样本中所占的比例作为衡量行为不确定性水平的指标之一。关于高研发强度行业分类的数据来自国家统计局印发的《高技术产业（制造业）分类（2017）》和欧盟发布的《产业研发投入报告》①。另一方面，服务行业也被认为面临较高的行为不确定性。根据 Krishnan 等（2016）的描述，由于服务行业中生产和消费环节的不可分割性，合作伙伴的行为绩效难以被评估，

① http：//iri. jrc. ec. europa. eu/scoreboard. html。

因而行为不确定性大大高于一般的制造行业。因此本研究采用服务行业在一个研究样本中所占的比例作为衡量行为不确定性水平的另一个指标。本研究基于联合国制定的《国际标准行业分类》（ISIC）来划分服务业与非服务业。

（2）环境不确定性的测量

为衡量环境不确定性的水平，本研究使用以下两个指标：行业环境的不可预测性和国家制度质量。前者表示产品市场的环境不确定性，后者表示更宏观的国家制度情境所带来的环境不确定性。本研究通过标准化这两个指标的标准化得分之和来建立行为不确定性的综合度量指标。行业环境的不可预测性反映企业可以在多大程度上预测其主要产品市场的未来趋势（Wholey 和 Brittain，1989）。本研究参考申慧慧等（2012）的做法，用样本中每个行业过去五年非正常销售收入的标准差除以过去五年销售收入的平均值，测算出该行业的环境不可预测性。样本中所涉及行业的销售数据来源于同花顺数据库提供的全球宏观数据。国家制度质量是指由国家的高风险政策引起的环境不确定性。本研究使用由世界银行开发的“世界治理指标”中的“制度质量”（Regulatory Quality，RQ）来衡量。该指标取值在 -2.5 至 2.5 之间，得分越高表示制度质量越差，因此我们对原始指标进行反向编码。

8.4.4 元分析计算步骤

本研究选用 CMA 软件进行元分析。为了与先前的元分析研究保持一致，本研究根据 Hunter 和 Schmidt（2006）的步骤展开元分析，具体步骤如下：第一步，对每个样本中提取的相关系数进行信度修正。对于缺失的信度值，使用相同变量在其他研究中的信度系数的平均值来代替。第二步，将经信度修正后的相关系数进行 Fisher'Z 转化以调整分布偏差。第三步，以抽样方差的倒数为权重计算总体效应值大小。第四步，通过 Q 值进行异质性检验。第五步，通过计算失安全系数评估出版偏差。第六步，使用元回归对行为不确定性和环境不确定性的影响进行假设检验。

8.5　实证结果

8.5.1　样本特征

通过文献的检索和筛选，最后纳入元分析的文献有77篇，其中英文文献42篇，中文文献35篇；学位论文8篇，期刊论文69篇；以发达国家为研究情境的有26篇，以发展中国家为研究情境的有51篇。通过编码，共获得111个可纳入元分析的效应值，其中汇报了合同治理和机会主义相关系数的独立样本有44个，总样本量达10 877；汇报了关系治理和机会主义相关系数的独立样本有67个，总样本量达16 025。为了保证编码的准确性，同一编码者时隔两个月后对所收集到的数据进行二次编码，对于前后不一致的编码内容，通过回溯原文和讨论的方法达成一致。

8.5.2　关于合同治理和关系治理的效应的元分析

表8-1是关于主效应的元分析结果，汇报了合同治理和关系治理这两种治理机制与机会主义之间关系的研究数量、总样本量、效应值大小的估计值、95%的置信区间、双尾检验结果、失安全系数以及异质性检验Q值。本研究采用随机效应模型，通过元分析的整合得到合同治理和机会主义之间的相关系数估计值为-0.177（$p<0.01$），这说明合同治理和机会主义之间存在显著负相关关系，表明合同治理对机会主义存在抑制作用。同时，异质性检验的Q值（791.230，$p<0.01$）显著大于0，暗示了调节效应的存在。关系治理和机会主义之间的相关系数估计值为-0.366（$p<0.01$），说明关系治理和机会主义存在中等程度的负相关关系，揭示了关系治理对机会主义的抑制作用。同样地，异质性检验的Q值（728.383，$p<0.01$）显著大于0，表明可能存在其他因素的调节作用。

表 8-1　两种治理机制与机会主义的元分析结果

相关系数	研究数	总样本量	效应值点估计	95%置信区间 下限	下限	Z值双尾检验	失安全系数	Q值
合同治理与机会主义	44	10 877	-0.177	-0.256	-0.096	-4.255***	3 277	791.230***
样本来源								
发达国家	12	1 957	-0.019	-0.174	-0.137	-0.240		5.444**
发展中国家	32	8 920	-0.233	-0.321	-0.142	-4.905***		
文献来源								
中文	22	6 639	-0.248	-0.355	-0.135	-4.227***		3.090*
外文	22	4 238	-0.104	-0.219	0.014	-1.724*		
文献类型								
学位论文	7	1 524	-0.394	-0.544	-0.221	-4.248***		6.981***
期刊论文	37	9 353	-0.133	-0.214	-0.051	-3.148***		
关系治理与机会主义	67	16 025	-0.366	-0.410	-0.319	-14.279***	36 054	728.383***
样本来源								
发达国家	22	5 081	-0.348	-0.427	-0.265	-7.709***		0.271
发展中国家	45	10 944	-0.374	-0.429	-0.317	-11.881***		
文献来源								
中文	31	8 295	-0.356	-0.422	-0.287	-9.405***		0.140
外文	36	7 730	-0.374	-0.434	-0.310	-10.669***		
文献类型								
学位论文	6	1 443	-0.426	-0.558	-0.272	-5.068***		0.691
期刊论文	61	14 582	-0.360	-0.407	-0.310	-13.298***		

注：*、**、***分别表示10%、5%、1%的显著性水平。

“出版偏差”是元分析研究需要考虑的重要问题。元分析依赖已发表的研究成果，然而一般汇报显著结果的论文更有可能被发表，因此以已发表的文献作为元分析样本可能会夸大变量之间的相关关系。失安全系数通常被用来观察研究的出版偏差情况（Hunter 和 Schmidt，2006）。一般认为，当失安全系数小于 $5K+10$ 时（K 表示研究数），出版偏差的影响需要引起警惕（Rothstein 和 Sutton，2014）。本研究的元分析结果显示，在评估合同治理和机会主义以及关系治理和机会主义的相关关系时，失安全系数分别高达 3 277 和 36 054。较大的失安全系数显示潜在的出版偏差问题不会对元分析结果产生实质性影响。

此外，我们还检验了合同治理对机会主义、关系治理对机会主义的抑制效应估计值是否受到文献类型、样本来源、文献来源等因素的影响。结果表明，关于合同治理和机会主义的相关关系，来自发达国家样本的效应值显著小于来自发展中国家的效应值（组间 $Q=5.444$，$p<0.05$）；来自外文文献的效应值显著小于来自中文文献的效应值（组间 $Q=3.090$，$p<0.1$）；来自期刊论文的效应值显著小于来自学位论文的效应值（组间 $Q=6.981$，$p<0.01$）。但是，关系治理和机会主义的相关关系的元分析估计值不因样本来源、文献来源和文献类型的不同而表现出显著差异。

8.5.3　基于元回归分析的假设检验

为检验所提假设，本研究采用加权最小二乘元回归方法，分别以单个研究中的合同治理与机会主义的相关系数（$r_{\text{contract, opportunism}}$）以及关系治理与机会主义的相关系数（$r_{\text{relation, opportunism}}$）为因变量，以这些研究中对应的行为不确定性（BU）和环境不确定性（EU）为自变量，利用 CMA 软件进行元回归。经济计量模型如下：

$$r_{\text{contract, opportunism}} = a_0 + a_1\text{BU} + a_2\text{EU} + e_1 \quad （模型 1）$$

$$r_{\text{relation, opportunism}} = a_0 + a_1\text{BU} + a_2\text{EU} + e_1 \quad （模型 2）$$

在进行元回归之前，本研究对元分析样本进一步筛选。纳入元回归的样本需同时符合两个条件。第一，文章汇报了样本所在行业的信息，并可以用于对高研发强度比例、服务业比例和行业环境不可预测性三个指标的编码；第二，文章汇报了样本所在地区的信息，并可以用于对国家制度质量这一指标的编码。经过筛选和编码，最终得到可用于回归模型 1 的样本 34 个，可用于回归模型 2 的样本 42 个。

元回归一般可以分为基于固定效应模型的元回归和基于随机效应模型的元回归。两者对研究间差异的假设不同，各有其优缺点。固定效应模型假设所有研究间的差异都是来自随机误差，而随机效应模型假设研究间的差异不仅来自随机误差，还来自效应值之间的真实差异。固定效应模型的优点在于更具有统计效力，因而更加容易侦查到调节变量的存在（Heugens 和 Lander,

2009)；它的缺点在于它所基于的"所有研究共有一个相同的总体效应值"这一假设一般情况下很难实现，因此犯Ⅰ类错误①的概率会更高。相反，随机效应模型的优点在于它的假设更加符合真实情况，因而犯Ⅰ类错误的概率较小；然而它的缺点是，在识别调节效应时统计效力较弱（Overton，1998），并且当参与元分析的研究数目较小时，对研究间真实差异的估计会非常不准确，从而导致研究结果的不稳定（Hunter 和 Schmidt，2006）。Geyskens 等（2008）的建议是，当纳入元回归的研究数目足够多时使用随机效应模型，否则使用固定效应模型。Overton（1998）以及 Heugens 和 Lander（2009）都建议同时使用这两种模型对数据进行敏感性分析，以揭示研究结果在多大程度上应该依赖于固定模型或随机模型的假设。同时 Overton（1998）认为，如果一个调节变量在随机效应模型中获得统计上的显著性，那么这个调节效应更可能为真实的调节效应；相反，如果一个调节效应在固定模型下不显著，那么更可能表明这个调节变量不产生真正的调节效应。

基于此，本研究同时使用了固定效应模型和随机效应模型进行分析，回归结果如表 8-2 所示。

表 8-2　元回归结果

因变量	合同治理—机会主义		关系治理—机会主义	
	固定效应	随机效应	固定效应	随机效应
截距项	−0.209 2***	−0.240 4***	−0.374 3***	−0.391 4***
BU	−0.096 6***	−0.046 0	−0.082 8***	−0.073 6**
EU	−0.016 4	−0.028 1	−0.029 9**	−0.042 6
k	34	34	42	42
τ^2		0.069 0		0.038 9
I^2		94.71%		90.19%
R^2		0.05		0.08
$Q_{residual}$		586.43***		397.49***

注：*、**、*** 分别表示 10%、5%、1% 的显著性水平。

第二列和第三列分别列示固定效应和随机效应模型下行为不确定性和环境不确定性对合同治理和机会主义之间相关系数的影响。假设 1 认为，随着

① 原假设"效应不存在"是正确的，但该原假设被错误地拒绝。

行为不确定性的提高，合同治理对机会主义的抑制作用增强。行为不确定性的回归系数在固定效应模型中显著为负（$\beta = -0.0966$，$p < 0.01$），而在随机效应模型中为负但不显著（$\beta = -0.0460$，$p > 0.1$）。由于纳入元回归分析的研究数量较少（$K = 29$），这导致随机效应模型的统计效力减弱（Hedges 和 Vevea，1998）。根据 Geyskens 等（2008）的建议，本研究认为假设 1 得到部分支持。环境不确定性的回归系数在固定效应和随机效应模型中均为负但都不显著，假设 2a 和假设 2b 均未获支持。行为不确定性和环境不确定性的回归系数为负表明合同确实存在协调功能，这是因为如果协调功能不是合同的重要功能，则行为不确定性和环境不确定性的回归系数均应该为正。

第四列和第五列分别呈现固定效应和随机效应模型下行为不确定性和环境不确定性对关系治理和机会主义之间相关系数的影响。假设 3 指出，随着行为不确定性的提高，关系治理和机会主义之间的负相关关系加强。行为不确定性在固定效应模型和随机效应模型中均显著为负（$\beta = -0.0825$，$p < 0.01$；$\beta = -0.0736$，$p < 0.05$），因此假设 3 得到支持。假设 4 认为，随着环境不确定性的增强，关系治理和机会主义之间的负相关关系加强。如第四和第五列所示，环境不确定性在固定效应模型中显著为负（$\beta = -0.0299$，$p < 0.05$），而在随机效应模型中虽为负但不显著（$\beta = -0.0426$，$p > 0.1$）。据此，本研究认为假设 4 得到了部分支持。

假设检验结果如表 8-3 所示。

表 8-3　假设检验结果

假设	结果
H1：随着行为不确定性水平的提高，合同治理与机会主义之间的负相关关系加强	部分支持
H2a：随着环境不确定性水平的提高，合同治理与机会主义之间的负相关关系减弱	不支持
H2b：随着环境不确定性水平的提高，合同治理与机会主义之间的负相关关系加强	不支持
H3：随着行为不确定性水平的提高，关系治理与机会主义之间的负相关关系加强	支持
H4：随着环境不确定性水平的提高，关系治理与机会主义之间的负相关关系加强	部分支持

8.5.4 关于相对有效性的分析

本研究进一步对合同治理和关系治理的相对有效性问题展开讨论，对纳入元回归的76个样本进行了亚组分析。总体而言，关系治理和机会主义的相关系数显著小于合同治理和机会主义的相关系数（表8-4）。这表明总体来看关系治理对机会主义的抑制效应要大于合同治理。根据假设检验部分的实证结果，合同治理和关系治理对机会主义的抑制作用可能随着不确定性水平的变化而变化。因此，在不同水平的不确定性条件下，合同治理和关系治理的相对有效性也可能有所不同。接下来本研究进行分组比较。

表8-4　合同和关系相对有效性的总体分析

治理机制	研究数	效应值点估计	95%置信区间		双尾检验	组间 Q
			下限	上限		
合同治理—机会主义	34	−0.235	−0.313	−0.155	−5.636***	7.146***
关系治理—机会主义	42	−0.374	−0.437	−0.308	−10.220***	

注：*、**、***分别表示10%、5%、1%的显著性水平。

本研究依据行为不确定性指标的中位数将总样本分为低行为不确定性和高行为不确定性两组，并且根据环境不确定性指标的中位数将总样本分为低环境不确定性和高环境不确定性两组。分组比较结果如表8-5所示。在低行为不确定性下，合同治理（$r=-0.237$，$p<0.01$）和关系治理（$r=-0.340$，$p<0.01$）均可以有效抑制机会主义，然而两者的效应值大小没有显著区别（组间 $Q=1.722$，$p>0.1$）。在高行为不确定性下，关系治理和机会主义的相关系数（$r=-0.408$，$p<0.01$）在1%的水平上显著小于合同治理和机会主义的相关系数（$r=-0.235$，$p<0.01$），这表明在高行为不确定性下，关系治理能比合同治理更有效地抑制机会主义。然而无论是在低水平还是在高水平的环境不确定性下，关系治理和机会主义的相关系数都显著小于合同治理和机会主义的相关系数，即在这两种情况下关系治理对机会主义的抑制作用均强于合同治理对机会主义的抑制作用。

表 8-5　不同不确定性下合同和关系相对有效性分析

不确定性状态	治理机制	研究数	效应值点估计	95%置信区间		双尾检验	组间 Q
				下限	上限		
低行为不确定性	合同治理—机会主义	17	−0.237	−0.352	−0.116	−3.783***	1.722
	关系治理—机会主义	21	−0.340	−0.436	−0.236	−6.138***	
高行为不确定性	合同治理—机会主义	17	−0.235	−0.340	−0.135	−4.526***	7.390***
	关系治理—机会主义	21	−0.408	−0.483	−0.327	−9.060***	
低环境不确定性	合同治理—机会主义	18	−0.218	−0.380	−0.100	−3.577***	5.706**
	关系治理—机会主义	20	−0.402	−0.495	−0.301	−7.214***	
高环境不确定性	合同治理—机会主义	16	−0.255	−0.357	−0.147	−4.533***	1.831**
	关系治理—机会主义	22	−0.348	−0.430	−0.260	−7.370***	

注：*、**、***分别表示10%、5%、1%的显著性水平。

8.6　本章讨论与结论

本研究采用元分析方法，探讨了行为不确定性和环境不确定性对于合同治理和关系治理抑制机会主义的有效性的影响。主要实证结论如下：第一，无论行为不确定性和环境不确定性处于何种水平，合同治理和关系治理对机会主义的抑制效应始终是显著的；第二，随着行为不确定性水平的提高，关系治理、合同治理对机会主义的抑制作用都会增强；第三，随着环境不确定性水平的提高，关系治理对机会主义的抑制作用会增强，而合同治理对机会主义的作用效应不会发生显著变化；第四，总体而言，关系治理对于机会主义的抑制效应要大于合同治理，但在行为不确定性水平较低时，这两种治理机制对机会主义的抑制作用无显著差异。

本研究具有较强的理论意义。第一，本研究使用了元分析的方法，对关于合同治理和关系治理对机会主义作用的实证研究进行了定量汇总，调和了矛盾的结果。以往关于合同治理和关系治理对机会主义作用的研究存在较多不一致的结果，很大一部分原因来自样本量和来源的差异，而元分析这一工具可以很好地解决此类问题，提供更准确的效应评估。本研究的元分析结果肯定了合同治理和关系治理对于机会主义的抑制作用，分别支持了交易成本理论和关系交换理论的观点。第二，本研究结果表明，合同治理和关系治理对机会主义的抑制作用不是一成不变的，而是会随着不确定性这一交易特征的变化而变化。目前有很多研究探讨了合同治理和关系治理能在多大程度上抑制机会主义，但未能充分关注不确定性水平对于合同治理和关系治理对机会主义的作用的影响。为克服上述局限，本研究明确测量了单个研究层面的行为和环境不确定性，并探讨了它们对合同治理和机会主义、关系治理和机会主义之间关系的调节作用。第三，本研究的理论分析和实证结果显示，合同除了控制功能外还有协调功能。第四，本研究进一步深化了对合同治理和关系治理相对有效性的认识。在抑制机会主义时，合同治理和关系治理究竟何者更有效，学术界一直没有形成一致的结论。本研究认为，不同的交易特征会影响合同治理和关系治理这两种治理机制作用的发挥，因此我们不能笼统地比较两者的相对有效性，而应结合具体交易特征加以分析。基于此，本研究具体比较了在不同水平的不确定性下合同治理和关系治理在抑制机会主义方面的相对有效性问题。

本研究对于参与跨组织合作的企业具有一定的启示意义。在跨组织合作中，企业应该根据行为和环境不确定性的水平来设计合理的治理机制。在行为和环境不确定性水平均较低时，合同治理和关系治理对机会主义的抑制作用均较小，考虑到无论是拟订详细的合同还是建立并维护与合作伙伴的良好关系都需要企业付出相应的成本，因此企业应采用较低水平的合同治理和关系治理。随着环境不确定性水平的提高，合同治理对机会主义的抑制作用不会增强，但关系治理对机会主义的抑制作用变得更强，因此企业应该考虑加强关系治理而不是合同治理。随着行为不确定性水平的提高，合同治理、关系治理对机会主义的抑制作用都增强，企业应考虑强化关系治理或合同治理。在行为不确定性水平较高时，由于关系治理比合同治理能更有效地抑制机会会主义，所以企业应该优先选择强化关系治理。当然，以上管理建议仅仅是从不同不确定性水平下合同治理和关系治理对机会主义的抑制效果出发的。事实上，企业还需要同时考虑以下两方面因素的影响。其一，构建合同治理和关系治理机制均需要企业投入相应的成本，而且在不同情境中这两类治理机制成本的相对大小也不同，企业需要综合权衡收益和成本问题。其二，机会主义只是反映跨组织合作状态的一个因素，企业在实际选择治理机制时应综合考虑治理机制对其他绩效指标（如关系满意度、目标完成度以及财务绩效等）的影响。

本研究通过元分析的方法探讨了不确定性这一交易特征对治理机制与机会主义关系的调节作用。未来的研究可以进一步探讨其他交易特征（如合作伙伴的相互依存度、交易持续时间）以及宏观制度情境（如社会文化、法制执行力）对治理机制效应的调节作用，以便更深入全面地理解合同治理和关系治理对于机会主义的抑制作用，为企业跨组织合作提供指导。另外，本研究的实证发现表明协调功能是合同的重要功能，有必要进一步探究合同协调功能的测量及其前因和后果。

第9章 结论与研究展望

9.1 研究结论

传统上，关于企业间合同治理的研究以交易成本理论、社会交换理论和制度理论作为最主要的理论视角，广泛探讨了合同治理的前因、作用，合同治理和关系治理之间关系等多个领域的议题，揭示了交易特征和制度环境对合同特征的影响，分析了合同治理对组织间冲突、机会主义行为等负面后果的抑制作用，探究了合同治理对企业间合作、知识共享、创新、关系绩效等正面后果的促进作用，比较了合同治理和关系治理的相对有效性，并梳理了合同治理和关系治理之间的替代机制和互补机制。近年来，传统理论视域下的相关研究通过解构合同治理和机会主义等关键构念、考察非线性关系的存在性、引入制度等情境因素三种主要方式来推进企业间合同治理的研究，深化了学界对构念间关系性质及其适用边界的认识。但是，相关研究对合同功能的认识比较狭隘，采用比较静态方法分析合同设计，对缔约方的心理活动和状态关注不够，因此理论认识还不是十分到位。

为更深入推进企业间合同治理的研究，一些学者尝试引入新理论、新视角和新方法，对合同治理的功能、前因、作用以及合同治理和关系治理之间的关系等问题提供了崭新的答案。总的来说，相关研究动态主要体现在以下四个方面。

第一，探究合同结构异质性。基于交易成本理论、社会交换理论和制度理论的研究大多只是狭隘地关注合同的保障、控制、防范功能，而关于合同结构异质性的研究将合同条款主要分为控制性（亦称强制性、保障性）条款和协调性条款，也有些研究提到了适应性条款，并且分别探讨了这些不同类型合同条款的前因和后果，这不仅拓宽了对合同条款类型及其功能的认识，而且有助于更细致地把握合同治理的作用以及合同治理和关系治理之间的关系。

第二，探究合同框定效应。关于合同结构异质性的研究关注合同条款的实质内容，以实质内容界定合同功能，隐含地认为相同实质的合同条款产生相同的影响。关于合同框定效应的研究认为上述论述不够全面，它引入社会心理学和认知心理学理论，强调实质内容相同的合同条款可能因表述方式的差异而产生不同的框定效应，使得研究焦点不再囿于合同的经济实质。基于调节定向理论，关于合同框定效应的研究把合同分为预防框定合同和促进框定合同两大类型，再结合期望违背理论分析这两类合同对缔约方情绪、行为和交易绩效的不同影响，为我们理解合同设计、合同治理的作用以及合同治理和关系治理之间的关系提供了新见解。

第三，探究合同管理过程。交易成本理论忽视合同设计、调整和应用的过程。组织学习视角下的合同设计研究扬弃了合同设计的静态观，关注合同管理的动态过程，这种思路和做法可以增强我们对合同形成、演变过程和规律的感性认知与理性认识，让我们对合同设计能力、合同学习主体、合同学习内容、合同学习方式以及关系治理和合同治理之间的关系有了更深入的理解。

第四，运用元分析法提炼规律。新方法的引入在一定程度上推动了企业间合同治理研究的开展。针对企业间合同治理的实证研究，主要采用基于问卷调查的统计检验法。这种研究方法虽然具有较强的科学逻辑性，但也存在不足之处，需要有其他方法的补充，近年来已有不少学者尝试将元分析、试验法和案例研究法引入对合同治理的研究中。其中，元分析法在企业间合同治理研究领域的应用，在较大程度上缓解了抽样误差和测量误差问题，并且在一定程度上深化了我们对研究结论应用边界的认识。

9.2 研究展望

最新的研究开创了企业间合同治理研究的新方向和新领域，但仍存在不少有待进一步解决的问题。第一，关于合同结构和框定效应的研究成果数量较少，且多为理论探讨性的，提出了不少理论假说，但相当一部分假说尚未得到检验。第二，基于新视角的实证成果十分有限，因此元分析法所依据的数据基本来自交易成本理论和社会交换理论等传统理论视角下的实证研究，这导致元分析研究难以产生富有洞见的观点。第三，制度和交易特征等情境因素的调节作用有待进一步挖掘。第四，方法的多样性还不够，试验法等新方法的使用频率仍很低。这些有待解决的问题构成了未来研究的方向，今后的研究需要在以下四个方面有所推进。

9.2.1 采用解构的方法更细致地梳理变量间关系

关于合同结构异质性的研究将合同功能分为合同控制、协调和适应功能，而关于合同框定效应的研究把合同分为预防框定合同和促进框定合同，认为不同功能的合同条款、不同框定类型的合同可能具有不同的前因，并且可能对相关交易方的心理和行为、交易绩效和关系产生不同的影响。此外，关系型规范、信任等反映关系治理机制的构念，以及冲突、机会主义行为等反映组织间关系行为的构念，都已被界定为多维度的构念。在探讨合同治理的前因、作用以及合同治理和关系治理之间关系时，我们如果把合同治理、关系治理、机会主义等构念作为单一维度的构念进行总体测量，就很可能把不同性质的作用效应混杂在一起，产生似是而非的结论。因此有必要采用解构方法，对高阶构念的各个维度进行直接测量，细致梳理构念维度之间的关系。Faems 等（2008）、Malhotra 和 Lumineau（2011）等已经采用该方法探讨了不同类型的合同功能对信任、合同执行以及争端解决的影响，有必要遵循类似的方法对企业间合同治理领域的其他相关议题展开研究。例如，在研究合同治理对机会主义的影响时，有必要将机会主义区分为强形态和弱形态机会主义，或者将其区分为主动和被动机会主义，因为有研究认为这些不同类型的机会主义具有不同的前因（Luo，2006），而合同的控制和协调功能可能会对上述不同类型的机会主义产生不同的效果。以合同控制功能为例，合同控制功能可以减少合同中的模糊条款而且增强对违约行为的惩罚力度，从而抑制明确违反合同的强形态机会主义，但控制功能可能会破坏信任关系和合作氛围，从而滋生虽不明确违反合同但违背心理契约的弱形态机会主义。因此，本研究认为，有必要采用解构方法来探讨合同治理对机会主义的影响。

9.2.2 注重探究情境因素的影响

无论是合同治理的前因、作用，还是合同治理和关系治理之间的关系，都受到制度环境、交易特征等情境因素的影响。关于合同治理的研究要明确测量并实证分析相关情境变量的作用，开展情境嵌入型情境化研究（徐淑英和贾良定，2012），以拓展理论的应用边界。Carson 等（2006）、Luo（2007）、Zhou 和 Poppo（2010）等进行了为数不多的、探讨情境作用的尝试。但是，Carson 等（2006）没有明确测量样本关系中的关系治理和合同治理水平；Luo（2007）考察了集体主义文化对于合同治理和关系治理对机会主义抑制作用的影响，但该文只是以"国家"作为代理变量，而没有明确测量组织层面的集体主义；Zhou 和 Poppo（2010）研究国家的法律执行力对交易风险和详细合同之间关系的影响，但未能进行直接测量，而是以经理人员对法律执行力的感知水平来衡量。为了提高研究的内部效度，研究者需要明确测量出相关的情境变量，以更深入地考察情境变量对于合同特征、合同治理的选择、合同治理的作用以及合同治理和关系治理之间关系的影响。如果探讨的情境变量是国家文化等国别层面的变量，基于调研问卷数据的统计分析法，有时因调研难度大、成本高等原因难以实现直接测量的目标，此时元分析法就是一个可行选项，当然必备前提是相关领域的实证成果已经达到较大数量。

9.2.3 开展跨学科和多视角研究

跨学科的交叉研究已经成为社会科学研究创新的常用方式。企业间合同治理的现有研究大部分依托于交易成本理论、产权理论和代理理论等经济学理论，也有部分研究把交易成本理论等经济学理论和社会交换理论、制度理论结合起来加以应用。然而，由于合同无论从设计、磋商还是应用来看都涉及社会组织机构和个体行为者，因此，如果将社会学和心理学等学科的理论更广泛地引入合同治理的研究中来，我们就很有可能得到更多的新见解。虽然经济学是企业间合同治理研究的基石，但是结合社会学和心理学等不同学科可以使研究者对合同在实际中的运用有一个更全面、更准确的理解。尽管一些学者已经尝试从调节定向理论和期望违背理论等视角对合同治理展开了讨论，但研究视角依然不够多元化。后续研究可以借鉴更多视角，拓宽研究范围。心理契约理论、嫉妒理论、过度自信理论和前景理论等新视角都可以为企业间合同治理的研究提供新的研究机会（Weber 等，2009）。例如，前景理论认为，大多数人在面临获利时是风险规避的，而面对损失时是风险偏好的。如果将该理论运用到合同治理研究中来，我们可以探讨损失框定合同是否会比收益框定合同更容易引起风险偏好行为，并且分析合同框定类型和需要承担不同程度风险的交易之间的理想匹配方式（Weber 等，2009）。需要说明的是，本书把交易成本理论、社会交换理论、制度理论作为企业间合同治理研究的传统视角，但引入新理论视角并不意味着要忽视这些传统理论视角，相反只有将它们适当结合起来，才能形成对合同治理研究更准确、更深入的理解。

9.2.4　完善传统研究方法并引入新方法

企业间合同治理领域的研究大多采用基于问卷调查的统计分析法，普遍采用横截面数据，其中有些研究只有单一数据源。这不可避免地导致同源方差、社会期望偏差、记忆偏差、内生性、因果证据不充分等诸多问题。为增强研究成果的效度，未来研究一方面需要完善基于调查的统计分析法，另一方面需要加强新方法的运用。

完善传统研究方法的路径主要包括以下六条。第一，致力于获取配对数据（dyadic data），以克服因单一交易方（甚至单一受访者）报告数据所导致的同源方差问题。第二，采用纵向数据，准确识别因果关系，从而部分地克服企业间合同治理研究中普遍存在的变量间因果关系混淆的问题。第三，克服遗漏变量偏误。合同治理不是内生的，其前因变量有产业特征、企业特征、交易特征、制度环境等，这些前因变量有可能对合同治理的结果变量产生影响，如果计量经济模型遗漏了某些前因变量就有可能导致遗漏变量偏差问题。因此，在进行假设检验时，要妥善设置控制变量，采用工具变量法等统计方法。第四，开发更具普适性的合同治理量表。现有研究有不少是采用具有行业特色的单一条目，这不利于实证结果的比较和整合。第五，直接获取合同，由研究者按科学方法和流程对合同进行文本分析。目前已经有学者从律师事务所等渠道获取合同开展实证研究，从美国证券交易委员会网站、CORI（缔约与组织研究机构）数据库等渠道获取公开的合同文本也是可行手段，对直接获取的合同进行文本分析的做法可以有效避免问卷填答者根据主观印象去评估合同的问题。第六，为提高研究结论的可推广性，未来的研究需要在多种情境（如各种制度环境、不同类型交易关系）中广泛检验合同治理与各个关键前因和后果变量之间的关系。

除了完善传统研究方法外，还需要充分发挥元分析法、试验研究法、案例研究法、定性比较分析法（QCA）等其他新方法的补充作用。元分析法不仅有助于克服抽样误差和测量误差对实证结果的影响，而且可以被用来检验各类宏观制度情境、微观交易特征的调节作用，这是基于问卷调查的统计分析法难以实现的。当然，只有通过统计分析方法对新视角下的变量关系进行充分检验，元分析研究才有机会取得重要进展。试验研究法不仅可以较好地克服问卷调查法中常见的同源方差、内生性和因果关系模糊等问题，而且可以有效捕捉合同框定的心理效应，有必要在未来的研究中更多地使用。案例研究法允许深层次观察合同设计和执行的进程与结果，能够为理论构建提供更复杂的描述和更强大的解释，该方法在运用组织学习视角探讨合同治理的研究中具有较大的应用空间。传统统计分析法是基于单向线性关系和因果对称性的统计技术，在控制其他因素的情况下，分析自变量对于因变量的边际“净效应”（杜运周和贾良定，2017）。在探究合同治理的作用时，合同治理和关系治理、情境因素之间可能产生复杂的作用机制。定性组合分析法作为一种新兴的研究方法，可以分析多种方案等效性和因果非对称性等因果复杂性问题。目前它在企业间合同治理研究中已经有所应用（Hofman 等，2017），未来应该可以更广泛地运用，预期可以在一定程度上解释企业间合同治理研究结果中的矛盾之处。此外，必要条件分析法（NCA）在企业间合同治理研究中也有一定的应用空间（Valk 等，2016）。

主要参考文献

［1］丰超，庄贵军，陈慧，等. 经销商“抱团”如何改变渠道中的合同治理［J］. 南开管理评论，2019，22（2）：4－13.

［2］黄光国. 人情与面子：中国人的权力游戏［M］. 北京：中国人民大学出版社，2010.

［3］李宝良，郭其友. 冲突与合作经济治理的契约解决之道：2016 年度诺贝尔经济学奖得主主要经济理论贡献述评［J］. 外国经济与管理，2016，38（11）：115－128.

［4］卢亭宇，庄贵军，丰超，等. 网络交互策略如何提高企业的跨组织治理效力?：TTF 匹配效应检验［J］. 管理世界，2020，36（9）：202－217.

［5］钱丽萍，廖如玉. 营销渠道中的合同使用、交易不确定性与关系绩效［J］. 外国经济与管理，2021，43（6）：43－56.

［6］任星耀，廖隽安，钱丽萍. 相互依赖不对称总是降低关系质量吗?［J］. 管理世界，2009（12）：92－105，136，187－188.

［7］任星耀，朱建宇，钱丽萍，等. 渠道中不同机会主义的管理：合同的双维度与关系规范的作用研究［J］. 南开管理评论，2012，15（3）：12－21.

［8］万俊毅，敖嘉焯. 企业间交易治理机制研究述评与展望［J］. 外国经济与管理，2013，35（3）：22－27，46.

［9］王雷，朱莹，王圣君. 专用性投资类型、治理机制与海外知识获取的关系研究［J］. 科研管理，2021，42（1）：156－167.

［10］汪涛，秦红. 专用性投资对机会主义的影响：以汽车行业 4S 专营店为例［J］. 管理科学，2006，19（2）：22－32.

［11］王勇，庄贵军，张闯，等. 营销渠道中的合同治理、公平与角色外利他

行为[J]. 中国管理科学,2018,26(6):188－196.

[12] 肖瑶,党兴华,向希尧. 基于文化异质性的创新网络治理选择研究[J]. 科研管理,2017,38(10):48－57.

[13] 杨国枢. 中国人的心理[M]. 北京:中国人民大学出版社,2012.

[14] 杨瑞龙,聂辉华. 不完全契约理论:一个综述[J]. 经济研究,2006,41(2):104－115.

[15] 张涛,庄贵军,周筱莲. 制造商 IT 资源、合同治理与分销商渠道投机[J]. 商业经济与管理,2015(6):15－24.

[16] 张钰,刘益,李瑶. 营销渠道中控制机制的使用与机会主义行为[J]. 管理科学学报,2015,18(12):79－92.

[17] 周俊,薛求知. 交易专用性投资效应及治理机制研究评介[J]. 外国经济与管理,2009,31(9):18－28.

[18] 庄贵军,席酉民. 关系营销在中国的文化基础[J]. 管理世界,2003(10):98－109,156.

[19] 庄贵军,席酉民. 中国营销渠道中私人关系对渠道权力使用的影响[J]. 管理科学学报,2004,7(6):52－62.

[20] Anderson S W, Dekker H C. Management control for market transactions: The relation between transaction characteristics, incomplete contract design, and subsequent performance[J]. *Management Science*, 2005, 51(12): 1 734－1 752.

[21] Argyres N S, Bercovitz J, Mayer K J. Complementarity and evolution of contractual provisions: An empirical study of IT services contracts[J]. *Organization Science*, 2007,18(1):3－19.

[22] Argyres N S, Mayer K J. Contract design as a firm capability: An integration of learning and transaction cost perspectives[J]. *Academy of Management Review*, 2007, 32(4):1 060－1 077.

[23] Bai X, Sheng S, Li J J. Contract governance and buyer-supplier conflict: The moderating role of institutions[J]. *Journal of Operations Management*, 2016, 41(1): 12－24.

[24] Bao Y C, Li Y, Peng C W, et al. Do resource differences between manufacturers and suppliers help or hinder product innovation of manufacturers? The moderating role of trust and contracts[J]. *Industrial Marketing Management*, 2017,

64(1): 79 -90.

[25] Bercovitz J E L, Tyler B B. Who I am and how I contract: The effect of contractors' roles on the evolution of contract structure in university-industry research agreements[J]. *Organization Science*, 2014, 25(6):1 840 -1 859.

[26] Bertrandias L, Fréchet M, Lumineau F. The role of contract framing in the emergence of trust: evidence from a franchise contract experiment[J]. *Academy of Management Proceedings*, 2010(1):1 -6.

[27] Bieberstein F V, Essl A, Friedrich K. Gain versus loss contracts: Does contract framing affect agents' reciprocity? [J]. *Economics Letters*, 2020, 187: 1 -4.

[28] Cannon J P, Achrol R S, Gundlach G T. Contracts, norms, and plural form governance[J]. *Journal of the Academy of Marketing Science*, 2000, 28(2): 180 -194.

[29] Cao Z, Li Y, Jayaram J, et al. A meta-analysis of the exchange hazards-interfirm governance relationship: An informal institutions perspective[J]. *Journal of International Business Studies*, 2018, 49(3): 303 -323.

[30] Cao Z, Lumineau F. Revisiting the interplay between contractual and relational governance: A qualitative and meta-analytic investigation[J]. *Journal of Operations Management*, 2015, 33 -34(1):15 -42.

[31] Carson S J, Madhok A, Wu T. Uncertainty, opportunism, and governance: The effects of volatility and ambiguity on formal and relational contracting[J]. *Academy of Management Journal*, 2006, 49(5):1 058 -1 077.

[32] Crosno J, Dahlstrom R, Liu Y, et al. Effectiveness of contracts in marketing exchange relationships: A meta-analytic review[J]. *Industrial Marketing Management*, 2021, 92(1): 122 -139.

[33] Cyert R M, March J G. *A Behavioral Theory of the Firm*[M]. Englewood Cliffs, N.J.: Prentice-Hall, 1963.

[34] Delerue H, Sicotte H. Formal international contracts in the presence of cultural distance: An empirical analysis of biopharmaceutical alliances[J]. *Thunderbird International Business Review*, 2019, 61(4): 595 -607.

[35] Dyer J H, Chu W. The role of trustworthiness in reducing transaction

costs and improving performance: Empirical evidence from the United States, Japan, and Korea[J]. *Organization Science*, 2003, 14(1):57 -68.

[36] Duplat V, Lumineau F. Third parties and contract design: The case of contracts for technology transfer[J]. *Managerial and Decision Economics*, 2016, 37 (6):424 -444.

[37] Faems D, Janssens M, Madhok A, et al. Toward an integrative perspective on alliance governance: Connecting contract design, trust dynamics, and contract application[J]. *Academy of Management Journal*, 2008, 51(6):1 053 - 1 078.

[38] Fehrenbacher D D, Wiener M. The dual role of penalty: The effects of IT outsourcing contract framing on knowledge-sharing willingness and commitment[J]. *Decision Support Systems*, 2019,121(1): 62 -71.

[39] Ghoshal S, Moran P. Bad for practice: A critique of the transaction cost theory[J]. *Academy of Management Review*, 1996, 21(1):13 -47.

[40] Harmon D J, KIM P H, Mayer K J. Breaking the letter vs. spirit of the law: How the interpretation of contract violations affects trust and the management of relationships[J]. *Strategic Management Journal*, 2015, 36(4): 497 -517.

[41] Hofman E, Faems D, Schleimer S C. Governing collaborative new product development: Toward a configurational perspective on the role of contracts [J]. *Journal of Product Innovation Management*, 2017, 34(6): 739 -756.

[42] Huo B F, Fu D J, Zhao X D, et al. Curbing opportunism in logistics outsourcing relationships: The role of relational norms and contract[J]. *International Journal of Production Economics*, 2016, 182: 293 -303.

[43] Joskow P L. Contract duration and relationship-specific investments: Empirical evidence from coal markets[J]. *American Economic Review*, 1987, 77 (1):168 -185.

[44] Joskow P L. Price Adjustment in long-term contracts: The case of coal [J]. *The Journal of Law and Economics*, 1988, 31(1):47 -83.

[45] Kalnins A, Mayer K J. Relationships and hybrid contracts: An analysis of contract choice in information technology[J]. *Journal of Law, Economics, and Organization*, 2004, 20(1): 207 -229.

[46] Krishnan R, Geyskens I, Steenkamp J E M. The effectiveness of contractual and trust-based governance in strategic alliances under behavioral and environmental uncertainty[J]. *Strategic Management Journal*, 2016, 37(12):2 521 - 2 542.

[47] Lafontaine F. Contractual arrangements as signaling devices: Evidence from franchising[J]. *Journal of Law Economics and Organization*, 1993, 9(2): 256 - 289.

[48] Liu Y, Luo Y D, Liu T. Governing buyer-supplier relationships through transactional and relational mechanisms: Evidence from China[J]. *Journal of Operations Management*, 2009, 27(4):294 - 309.

[49] Lu W X, Zhang L, Zhang L H. Effect of contract completeness on contractors' opportunistic behavior and the moderating role of interdependence[J]. *Journal of Construction Engineering and Management*, 2016, 142(6):04016004. 1 - 04016004. 10.

[50] Lumineau F. How contracts influence trust and distrust[J]. *Journal of Management*, 2017, 43(5): 1 553 - 1 577.

[51] Lumineau F, Fréchet M, Puthod D. An organizational learning perspective on the contracting process[J]. *Strategic Organization*, 2011, 9(1):8 - 32.

[52] Lumineau F, Malhotra D. Shadow of the contract: how contract structure shapes interfirm dispute resolution[J]. *Strategic Management Journal*, 2011, 32(5):532 - 555.

[53] Luo Y D. Partnering with foreign firms: How do Chinese managers view the governance and importance of contracts? [J]. *Asia Pacific Journal of Management*, 2002a, 19(1): 127 - 151.

[54] Luo Y D. Contract, cooperation, and performance in international joint ventures[J]. *Strategic Management Journal*, 2002b, 23(10): 903 - 919.

[55] Luo Y D. An integrated anti-opportunism system in international exchange[J]. *Journal of International Business Studies*, 2007, 38(6):855 - 877.

[56] Luo Y D. Opportunism in inter-firm exchanges in emerging markets[J]. *Management and Organization Review*, 2006, 2(1): 121 - 147.

[57] Luo Y D. The changing Chinese culture and business behavior: The perspective of intertwinement between guanxi and corruption [J]. *International Business Review*, 2008, 17(2):188 –193.

[58] Malhotra D, Lumineau F. Trust and collaboration in the aftermath of conflict: The effects of contract structure[J]. *Academy of Management Journal*, 2011, 54(5):981 –998.

[59] Mayer K J, Argyres N S. Learning to contract: Evidence from the personal computer industry[J]. *Organization Science*, 2004, 15(4):394 –410.

[60] Mayer K J, Bercovitz J. The influence of inertia on contract design: Contingency Planning in Information Technology Service Contracts[J]. *Managerial and Decision Economics*, 2008, 29(2 –3): 149 –163.

[61] Mueller W F, Geithman F E. An empirical test of the free rider and market power hypotheses[J]. *Review of Economics and Statistics*, 1991, 73(2):301 –308.

[62] Parkhe A. Strategic alliance structuring: A game theoretic and transaction cost examination of interfirm cooperation[J]. *Academy of Management Journal*, 1993, 36(4): 794 –829.

[63] Passera S, Smedlund A, Liinasuo M. Exploring contract visualization: Clarification and framing strategies to shape collaborative business relationships[J]. *Journal of Strategic Contracting and Negotiation*, 2016, 2(1 –2): 69 –100.

[64] Peng M W. Institutional transitions and strategic choices[J]. *Academy of Management Review*, 2003, 28(2): 275 –296.

[65] Poppo L, Zenger T. Do formal contracts and relational governance function as substitutes or complements? [J]. *Strategic Management Journal*, 2002, 23(8): 707 –725.

[66] Poppo L, Zhou K Z. Managing contracts for fairness in buyer-supplier exchanges[J]. *Strategic Management Journal*, 2014, 35(10):1 508 –1 527.

[67] Ren X Y, Oh S, Noh J. Managing Supplier-Retailer Relationships: From Institutional and Task Environment Perspectives[J]. *Industrial Marketing Management*, 2010, 39(4): 593 –604.

[68] Reuer J J, Ariño A. Strategic alliance contracts: Dimensions and

determinants of contractual complexity[J]. *Strategic Management Journal*, 2007, 28(3):313 –330.

[69] Rindfleisch A, Heide J B. Transaction cost analysis: Past, present, and future applications[J]. *Journal of Marketing*, 1997, 61(4): 30 –54.

[70] Roberts P W, Greenwood R. Integrating transaction cost and institutional theories: Toward a constrained-efficiency framework for understanding organizational design adoption[J]. *Academy of Management Review*, 1997, 22(2): 346 –373.

[71] Rokkan A I, Heide J B, Wathne K H. Specific investments in marketing relationships: Expropriation and bonding Effects[J]. *Journal of Marketing Research*, 2003, 40(2): 210 –224.

[72] Ryall M D, Sampson R C. Formal contracts in the presence of relational enforcement mechanisms: Evidence from technology development projects [J]. *Management Science*, 2009,55(6):906 –925.

[73] Schilke O, Lumineau F. The double-edged effect of contracts on alliance performance[J]. *Journal of Management*, 2018, 44(7): 2 827 –2 858.

[74] Selviaridis K. Contract functions in service exchange governance: Evidence from logistics outsourcing[J]. *Production Planning & Control*, 2016, 27(16): 1 373 –1 388.

[75] Shen L, Su C T, Zheng X, et al. Between contracts and trust: Disentangling the safeguarding and coordinating effects over the relationship life cycle [J]. *Industrial Marketing Management*, 2020, 84(1): 183 –193.

[76] Shi C X, Chen Y Q, You J Y, et al. Asset specificity and contractors' opportunistic behavior: Moderating roles of contract and trust [J]. *Journal of Management in Engineering*, 2018, 34(5):04018026.1 –04018026.12.

[77] Shou Z G, Zheng X, Zhu W T. Contract ineffectiveness in emerging markets: An institutional theory perspective[J]. *Journal of Operations Management*, 2016, 46(1): 38 –54.

[78] Valk W, Sumo R, Dul J, et al. When are contracts and trust necessary for innovation in buyer-supplier relationships? A necessary condition analysis[J]. *Journal of Purchasing and Supply Management*, 2016, 22(4): 266 –277.

[79] Vanneste B S, Puranam P. Repeated interactions and contractual detail:

Identifying the learning effect[J]. *Organization Science*, 2010,21(1):186 -201.

[80] Wang L W, Sheng S B, Wu S L, et al. Government role, governance mechanisms, and foreign partner opportunism in IJVs [J]. *Journal of Business Research*, 2017, 76(1): 98 -107.

[81] Wang L W, Song N, Zhang M, et al. How does contract completeness affect tacit knowledge acquisition? [J]. *Journal of Knowledge Management*, 2020, 25(5): 989 -1 005.

[82] Wang Q, Li J J, Ross W T, et al. The interplay of drivers and deterrents of opportunism in buyer-supplier relationships [J]. *Journal of the Academy of Marketing Science*, 2013, 41(1): 111 -131.

[83] Wang Y, Chen Y Q, Fu Y, Fu Y C, et al. Do prior interactions breed cooperation in construction projects? The mediating role of contracts[J]. *International Journal of Project Management*, 2017, 35(4): 633 -646.

[84] Wang Y, Chen Y Q, Wang W Q, et al. Differentiating two types of learning in contract design: Evidence from the construction industry[J]. *Scandinavian Journal of Management*, 2019, 35(1): 1 -11.

[85] Wathne K H, Heide J B. Opportunism in interfirm relationships: Forms, outcomes and solutions[J]. *Journal of Marketing*, 2000, 64(4): 36 -51.

[86] Weber L, Bauman C W. The cognitive and behavioral impact of promotion and preventive contracts on trust in repeated exchanges[J]. *Academy of Management Journal*, 2019, 62(2): 361 -382.

[87] Weber L, Mayer K. Transaction cost economics and the cognitive perspective: Investigating the sources and governance of interpretive uncertainty[J]. *Academy of Management Review*, 2014, 39(3): 344 -363.

[88] Weber L, Mayer K J, Macher J T. An analysis of extendibility and early termination provisions: The importance of framing duration safeguards[J]. *Academy of Management Journal*, 2011, 54(1):182 -202.

[89] Weber L, Mayer K J, Wu R. The future of interfirm contract research: opportunities based on prior research and nontraditional tools[A]. In Nickerson J A, Silverman B S. *Economic Institutions of Strategy*[C]. Bingley: Emerald Group Publishing Limited[C], 2009:123 -145.

[90] Weber L, Mayer K J. Designing effective contracts: Exploring the influence of framing and expectations[J]. *Academy of Management Review*, 2011, 36(1):53 -75.

[91] Williamson O E. *Markets and Hierarchies, Analysis, and Antitrust Implications: A Study in the Economies of Internal Organization*[M]. New York: Free Press, 1975.

[92] Williamson O E. *The economic institutions of capitalism: Firms, markets, and relational contracting*[M]. New York: Free Press, 1985.

[93] Wu F, Sinkovics R R, Cavusgil S T, et al. Overcoming export manufacturers' dilemma in international expansion [J]. *Journal of International Business Studies*, 2007, 38(2): 283 -302.

[94] Wuyts S, Geyskens I. The formation of buyer-supplier relationships: Detailed contract drafting and close partner selection[J]. *Journal of Marketing*, 2005, 69(4): 103 -117.

[95] Xing Z, Mayer K J, Xie X L, et al. The effects of contract detail and prior ties on contract change: A Learning Perspective[J]. *Organization Science*, 2021, 32(2): 480 -499.

[96] Zhang C, Bai X, Gu F F. Contract learning in the aftermath of exchange disruptions: An empirical study of renewing interfirm relationships[J]. *Industrial Marketing Management*, 2018, 71(may): 215 -226.

[97] Zheng J R, Roehrich J K, Lewis M A. The dynamics of contractual and relational governance: Evidence from long-term public-private procurement arrangements[J]. *Journal of Purchasing & Supply Management*, 2008, 14 (1): 43 -54.

[98] Zheng Q, Luo Y, Wang S L. Moral degradation, business ethics, and corporate social responsibility in a transitional economy[J]. *Journal of Business Ethics*, 2014, 120(3): 405 -421.

[99] Zhou K Z, Poppo L. Exchange hazards, relational reliability, and contracts in China: The contingent role of legal enforceability[J]. *Journal of International Business Studies*, 2010, 41(5):861 -881.

[100] Zhou K Z, Xu D. How foreign firms curtail local supplier opportunism

in China: Detailed contracts, centralized control, and relational governance[J]. *Journal of International Business Studies*, 2012, 43(7): 677-692.

[101] Zollo M, Reuer J J, Singh H. Interorganizational routines and performance in strategic alliances[J]. *Organization science*, 2002, 13(6): 701-713.